Fé, santidade e esperança

12 sermões baseados em 1 Pedro

A.W. TOZER

Compilado por Gerald B. Smith

hagnos

Título original: *Twelve Sermons in Peter's First Epistle* (extraído da obra *Tozer Speaks*, Volume Two).
Compilado por Gerald B. Smith

1ª edição: agosto de 2024

Tradução: Maurício Bezerra Santos Silva
Revisão: Luiz Werneck Maia (copidesque) e Marcelo Santos (provas)
Diagramação: Letras Reformadas
Capa: Julio Carvalho
Editor: Aldo Menezes
Coordenador de produção: Mauro Terrengui
Impressão e acabamento: Imprensa da Fé

Editora Hagnos Ltda.
Rua Geraldo Flausino Gomes, 42, conj. 41
CEP 04575-060 — São Paulo, SP
Tel.: (11) 5990-3308

E-mail: hagnos@hagnos.com.br | Home page: www.hagnos.com.br

Editora associada à ABDR (Associação Brasileira de Direitos Reprográficos)

Dados Internacionais de Catalogação na Publicação (CIP)
Angélica Ilacqua CRB-8/7057

Tozer, A. W.
Fé, santidade e esperança: 12 sermões baseados em 1Pedro / A. W. Tozer; tradução de Maurício Bezerra Santos Silva. – São Paulo: Hagnos, 2024.

ISBN 978-85-7742-545-7
Título original: Twelve Sermons in Peter's First Epistle

1. Bíblia – Profecias I. Bíblia. N.T. Epístolas de Pedro - Comentários Título II. Silva, Maurício Bezerra Santos

24-3460 CDD 280

Índices para catálogo sistemático:
1. Bíblia – Profecias

Sumário

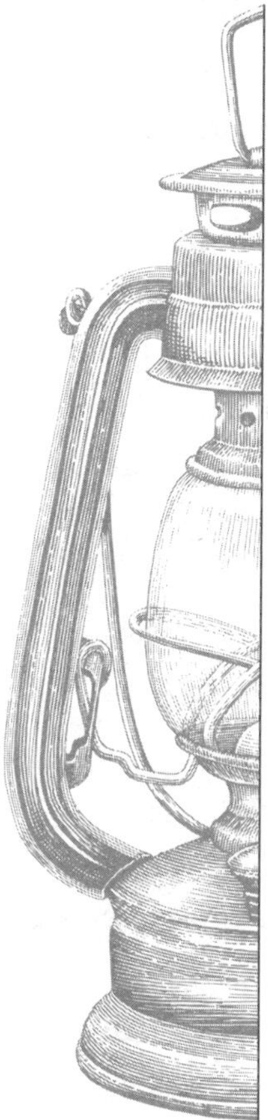

Prefácio

O SECRETÁRIO NORTE-AMERICANO DA ALIANÇA Cristã e Missionária, doutor Keith M. Bailey, certa vez deu a seguinte declaração a respeito da natureza profética do ministério do doutor A. W. Tozer ao longo de toda a sua vida:

> Alguns aspectos do dom de profecia — que se relacionam à entrega das Escrituras Sagradas — aparentemente cessaram quando o cânon bíblico foi concluído.
>
> O dom de profecia propriamente dito, no entanto, não se extinguiu. Ele ainda é necessário em nosso meio porque consiste na capacidade de falar às necessidades atuais do coração humano.
>
> É possível identificar a profecia por todo o Antigo e Novo Testamento como um impulso

importante que tem como propósito suprir a necessidade humana contemporânea — a mensagem ungida de Deus para a necessidade do momento.

Acredito que A. W. Tozer era um profeta. Ele conseguia enxergar muito além da maioria dos homens da sua geração. Ele tinha a capacidade de discernir e de analisar desde a raiz tudo o que estava desgastando a igreja. No sentido profético, ele tinha a coragem de abordar essa verdade com poder e capacidade ministrados pela unção divina.

Quanto mais estudo o avivamento, mais tenho certeza de que o dom de profecia tem que ser exercido entre nós se quisermos que haja na igreja um avivamento profundo e duradouro. Precisamos de homens ungidos que não tenham medo de falar sobre as necessidades da igreja porque, acima de tudo, o avivamento é a renovação do povo de Deus.

Acho que essa análise do dom profético contemporâneo se encaixa muito bem nos doze sermões de Tozer em 1Pedro apresentados neste livro. Esses sermões estão entre aqueles pregados pelo doutor Tozer durante o seu longo pastorado em Chicago, Illinois.

Gerald B. Smith

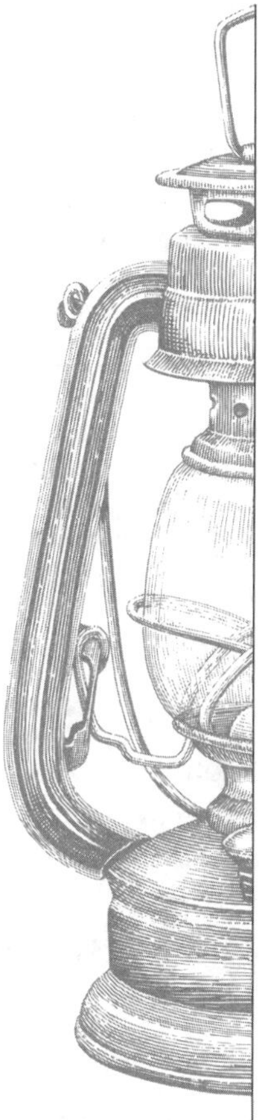

1

A voz profética: *a maravilha da inspiração!*

[...] A palavra de Deus, a qual vive e é permanente [...]. Esta é a palavra que vos foi evangelizada.

1Pedro 1:23, 25

EXISTEM CRISTÃOS ENTRE NÓS NOS dias de hoje que parecem sentir que sua vida espiritual receberia um auxílio imenso se pudessem obter orientações em uma conversa pessoal com o nosso Senhor ou com o apóstolo Pedro ou Paulo.

Sei que é justo dizer que, se algum dos apóstolos, ou qualquer um dos grandes pais da igreja pudesse ser transportado do mundo antigo para o atual, não haveria espaço para conter as multidões que apressadamente se amontoariam diante deles.

Se alguém soubesse que Agostinho, ou que João Crisóstomo, ou Francisco de Assis, ou Knox, ou Lutero, ou mesmo algum dos grandes vultos que já viveram pudessem estar presentes para falar, todos daríamos a máxima atenção e os ouviríamos como se estivéssemos de fato ouvindo a própria palavra de Deus.

Nessas circunstâncias, não podemos esperar ouvir a voz dos homens de Deus que terminaram seus ministérios há séculos e partiram para o Senhor. Não se pode mais ouvir a voz dos grandes santos e dos guerreiros da antiguidade neste século vinte.

No entanto, tenho uma boa notícia para aqueles que estão ansiosos para ouvir uma palavra da parte do Senhor! Se nos dispusermos a escutar, ainda poderemos "ouvir" a voz de um apóstolo, porque trataremos das palavras escritas por Pedro. De fato, ele era um grande santo, ainda que não o consideremos o maior dentre os apóstolos. Acho que é seguro afirmar que ele era o segundo dentre eles, sendo que apenas Paulo, possivelmente, possuísse uma posição mais elevada do que a dele.

Por isso, ao observarmos a sua mensagem, Pedro estará falando conosco, ainda que seja por meio de um "intérprete".

Os nossos missionários frequentemente nos contam a respeito de situações difíceis pelas quais passaram com seus intérpretes. O missionário pode ter a intenção de comunicar uma coisa e isto chegar a quem o escuta com um sentido diferente, e acho que, quando fazemos alguma exposição das Escrituras, muitas vezes somos culpados de sermos intérpretes imperfeitos. Farei o máximo possível para capturar a essência deste homem chamado Pedro, e determinar o que Deus está tentando nos dizer, reduzindo ao máximo toda e qualquer interferência da minha parte.

Ora, suponho que mais pessoas gostariam de mim se declarasse que prego a Bíblia e nada além dela. Eu me esforço para fazer isso, mas a honestidade me leva a dizer que o melhor que posso fazer é pregar a Bíblia conforme a entendo. Confio que, por meio de suas orações e do Espírito de Cristo, meu entendimento possa estar correto. Se vocês orarem e se eu me render e confiar, talvez o que entendermos da primeira carta de Pedro será de fato bem próximo daquilo que Pedro diria se estivesse aqui pessoalmente. Nós nos aproximaremos o máximo possível da Palavra do Deus vivo.

Pedro tinha a reputação de ser o primeiro porque ele era um homem extremamente impetuoso. Ele era o primeiro ou ficava entre os primeiros em quase tudo em que se envolvia enquanto ele viveu.

Por isso suponho que Pedro poderia ser uma pessoa perfeita para este século! Geralmente ele abria a boca e falava sem pensar, e essa é uma característica comum de muitos de nós. Ele se apressava para fazer o que precisava ser feito — e isso também nos define.

A partir do registro dos Evangelhos, parece que Pedro pode ter sido o primeiro, ou pelo menos um dos primeiros, a ser discípulo de João Batista. Ele estava entre os primeiros discípulos dele que passaram a seguir Jesus quando João apontou para ele e disse: "Eis o Cordeiro de Deus, que tira o pecado do mundo!".

Pedro foi o primeiro apóstolo a ser chamado pelo nosso Senhor para segui-lo. Acredito que Pedro foi o primeiro a se converter porque ele foi o primeiro a dizer: "Tu és o Cristo, o Filho do Deus vivo".

Ele estava entre os primeiros a ver nosso Senhor depois de Ele ter ressuscitado. Há quem insista que Pedro foi o primeiro, crendo que o Senhor Jesus não apareceu para mais ninguém senão depois de ter um encontro com Pedro, seu amigo querido.

Lembremo-nos também que Pedro foi o primeiro pregador do Novo Testamento. Isso combina muito bem com o temperamento desse homem, de modo que, quando o Espírito Santo veio no dia de Pentecostes e houve a oportunidade para alguém se levantar e falar a verdade, não havia ninguém mais indicado do que ele.

Acho que não existe nenhuma razão teológica profunda por trás disso. Acho que foi uma questão de temperamento e de disposição. Quando as 120 pessoas de repente foram cheias do Espírito Santo e coube a alguém a incumbência de se levantar rapidamente e expressar a maravilha que tinha acabado de acontecer, nada foi mais natural do que o homem chamado Pedro ser essa pessoa. Portanto, ele se pôs em pé e ministrou aquele grande sermão registrado no segundo capítulo do livro de Atos dos Apóstolos — aquela grande pregação que converteu 3 mil pessoas!

Pedro, porém, não passava de um ser humano, e no início do seu discipulado e do seu ministério havia contradições e incoerências gritantes em sua vida. Não dá para tentarmos nos orgulhar e dizer que esse homem, que possui o segundo lugar de grandeza entre os apóstolos, nunca se desviou um milímetro na sua caminhada desde o momento da sua conversão até a época da sua morte. Acredito realmente no realismo na esfera religiosa e acho bem desaconselhável tentar esconder os defeitos de alguém a fim de refletir uma falsa justiça que não corresponde a todo o seu caráter.

Na verdade, gostaria que nós todos pudéssemos ser como os anjos ou como aquelas criaturas fantásticas no primeiro capítulo de Ezequiel, das quais se diz que quando se moviam "andavam para a sua frente".

Não sei exatamente o que isso quer dizer, mas tenho certeza de que realmente é algo difícil de fazer — toda vez que se deslocavam se moviam em linha reta. Gostaria que, desde a época que me converti, aos dezessete anos de idade, tivesse andado sempre em linha reta; mas não foi bem isso que aconteceu, o que é o caso da maioria de nós. Ziguezagueamos muito no nosso caminho para o céu em vez de andarmos firmes em um caminho reto. Realmente, tudo isso é uma pena! Não quero com isso me justificar, mas tenho dificuldades para entender essa questão.

Bem, Pedro era uma coleção de contradições e vejo tudo isso como algo que glorifica a graça de Deus, por tomar um homem fraco, vacilante e incoerente como Pedro e fazer dele um santo homem!

Se você se der ao trabalho de ler novamente tudo o que o Novo Testamento diz a respeito dele, verá contradições gritantes em sua personalidade. No seu primeiro encontro com Pedro, Jesus disse: "Tu és Simão, filho de João; tu serás chamado Cefas", que significa "uma pedra". O próprio Jesus ao chamar Pedro lhe deu esse novo nome que significa pedra, que naturalmente trata-se de algo sólido e inabalável.

Mas este homem — esta "pedra" — era tão inconstante que negou ao Senhor! Ele cortou a orelha de um homem em um ato impetuoso para defender seu Mestre, algumas horas antes de ele ter negado até mesmo tê-lo conhecido. Ele tinha a tendência de ser precipitado, de agir sem pensar, e de sempre pedir desculpas. Essa é a pedra — ainda que vacilante — da qual estamos falando —, e isso, por si só, já é uma contradição.

Observo também que Pedro não tinha a mínima vergonha de repreender o seu Senhor e Mestre. Tinha a ousadia de se aproximar de Jesus e repreendê-lo como se eles estivessem no mesmo nível. Porém, logo em seguida, ele se ajoelharia com uma reverência trêmula, clamando: "Retira-te de mim, Senhor, porque sou pecador!".

Pedro era assim — mais ousado do que todos os outros apóstolos e geralmente com mais fé —, mas ele tinha mais ousadia do que fé propriamente dita. Será que vocês já conheceram algum filho de Deus com essa característica?

Vocês lembram que Pedro era tão ousado que saiu correndo do barco e andou efetivamente sobre as águas, mas, mesmo assim, tinha tão pouca fé que nem conseguiu sustentar essa ousadia. Por esse motivo, ele acabou afundando, e teve que ser ajudado pelo Senhor para que não se afogasse.

De fato, esse homem chamado Pedro foi o primeiro a confessar seu Senhor, mas depois foi o primeiro a negá-lo.

Ele foi o homem que Jesus chamou de "Bem-aventurado", e logo depois chamou de Satanás. A frase "Bem-aventurado és, Simão, filho de Jonas" foi seguida rapidamente pela frase "Arreda, Satanás!".

Mencionarei algumas outras contradições sobre o homem chamado Pedro. Parte do cristianismo o chama de vigário de Cristo na terra, mas o próprio Pedro nunca soube dessa história! Ele nunca se referiu a si mesmo como vigário ou vice-regente de Cristo; ele se identificava como apóstolo, ou como um dos presbíteros. Nada além disso. O presbítero mais humilde em qualquer igreja presbiteriana tem um título tão elevado quanto qualquer título que Pedro já tenha reivindicado para si mesmo, exceto pelo fato de ele ter dito ser um dos apóstolos.

Eu poderia salientar que muitos supõem que Pedro foi o primeiro papa, mas ele foi eclipsado por um de seus companheiros apóstolos, porque, sem dúvida, Paulo ofuscou Pedro.

Pedro era um homem notável, mas Paulo era ainda mais notável. Acho que, se Deus tivesse que escolher uma pessoa para ser o primeiro papa, ele teria escolhido Paulo, o mais poderoso e mais intelectual dentre todos eles, em vez do Pedro vacilante e incoerente.

Também saliento que Pedro desaparece do Livro de Atos e, à medida que isso acontece, Paulo entra em cena. Quando chegamos ao final deste livro, não há nem sombra de Pedro. Paulo enche o horizonte e, quando Deus decide lançar os fundamentos de sua igreja, constituindo sólida e profundamente suas doutrinas, Ele escolheu Paulo, e não Pedro.

Assim, aqui termina meu breve perfil do homem chamado Pedro. Muitas outras coisas poderiam ser ditas a respeito dele, mas ele teve a oportunidade de falar conosco mais uma vez por meio de suas cartas no Novo Testamento, porque ele foi designado apóstolo para os judeus, do mesmo modo que Paulo foi chamado de apóstolo dos gentios.

Os judeus tinham sido espalhados pelas nações, e esta é a razão de Pedro ter escrito essa carta. Eles tinham sido dispersados para muitos países, e, no dia de Pentecostes, eles costumavam retornar a Jerusalém, em um número que chegava a centenas de milhares. Então, quando Pedro pregou, eles se converteram em grande número, e voltaram para seus países de origem, levando a mensagem do Salvador que ressuscitou e do derramamento do Espírito Santo. Logo, havia colônias de cristãos em todas as províncias de Roma, e Pedro sentia que ele devia ser o pastor desse grande número de judeus cristãos espalhados pelo mundo. Ele assumiu o seu apostolado aos judeus com muita seriedade, e escreveu sua primeira carta pastoral para os convertidos a Cristo que estavam espalhados por toda a província romana da Ásia.

Na verdade, as circunstâncias nas províncias romanas que originaram esta carta de Pedro eram bem graves. Os imperadores romanos tinham dado início a uma severa perseguição aos cristãos. Jesus lhes dissera que deveriam esperar perseguição, e agora ela começava a se abater sobre eles como as ondas sobre um navio que está naufragando.

Um dos homens que estava ascendendo ao poder era o imperador Nero, que é lembrado na história, sem sombra de dúvida, como o mais incrivelmente cruel dentre todos os romanos. A sua vida, seus atos e seus hábitos estavam entre os mais deploráveis e ofensivos de toda a história, de maneira que ninguém pode mencionar em público todos os crimes que ele cometeu. Mas ele era o imperador da época — e Pedro e o restante dos cristãos estavam debaixo de sua autoridade.

Conta-se que Nero causou um incêndio em Roma e, em sua própria torre, tocava harpa e cantava músicas na língua grega enquanto Roma ardia em chamas. Entretanto, ele ficou com medo posteriormente, percebendo que os romanos se voltariam contra ele se descobrissem que ele havia incendiado a cidade, por isso procurou por algum bode expiatório — e quem seria mais fácil de incriminar do que os incômodos cristãos?

Esses cristãos expressavam sua fé em alto e bom som, e se destacavam onde quer que estivessem. Por isso Nero se voltou contra eles do mesmo modo que Hitler perseguiu os judeus e matou dezenas de milhares deles. Ele confiscava suas propriedades, os lançava na prisão, os torturava de várias formas e depois os exterminava — isso por todas as regiões da Bitínia, do Ponto, da Capadócia e da Ásia romana.

Tudo isso tinha chegado ao conhecimento do amado homem de Deus chamado Pedro. Ele tinha visto com seus próprios olhos parte dessas atrocidades, e conhecia muito bem a fúria da perseguição. Essa carta de incentivo surgiu de toda essa experiência, uma carta inspirada pelo Espírito de Deus enquanto ele esperava no Senhor em longas e extraordinárias horas de oração por seus irmãos e irmãs na fé.

Acredito que é preciso dizer que Pedro, intimamente, sentia profundamente a solidão desses "forasteiros" sobre os quais escreveu. Eles tinham sido espalhados, perseguidos, oprimidos e isolados neste mundo por causa da fé cristã.

Todo cristão verdadeiro percebe que ele nada mais é que uma alma solitária no meio de um mundo que não lhe considera uma pessoa bem-vinda. Digo frequentemente que o cristão não deve se sentir uma pessoa fraca quando se abate e começa a chorar. Trata-se de uma solidão normal no meio de um mundo que o renegou. Essa solidão passa a ser inevitável!

Em primeiro lugar, as pessoas para as quais Pedro escreveu eram tratadas como forasteiras em vários aspectos pelo simples fato de serem judias. Eram judeus que tinham se espalhado em meio aos romanos e nunca poderiam aceitar nem ceder aos seus costumes. Eles aprendiam a língua grega no mundo de sua época, mas nunca poderiam adotar os costumes romanos. Afinal de contas, eles eram judeus, um povo separado, do mesmo modo que acontece nos dias de hoje.

Além disso, eles abraçaram a fé cristã, portanto deixaram de ser simplesmente judeus. A sensação de não pertencer a este mundo entre eles aumentou, na verdade duplicou. Eles não eram somente judeus — diferentemente dos gentios ao redor deles —, mas tornaram-se cristãos, e se diferenciaram tanto dos gentios quanto dos próprios judeus!

Essa é a razão pela qual é perfeitamente possível que um cristão seja a pessoa que sinta mais solidão no mundo sob determinadas circunstâncias. Essa falta de senso de pertencimento faz parte da nossa herança cristã. Essa sensação de pertencimento a outro mundo, e não a este, invade o peito do cristão e o marca como alguém diferente das pessoas ao seu redor. Muitos dos nossos hinos surgiram exatamente dessa solidão, desse sentimento de possuir uma cidadania mais sublime.

É exatamente isso que mantém um cristão separado — saber que sua cidadania não é da terra, mas de cima, do céu, e o seu anseio para que o Salvador venha logo. Quem é que pode ter o desejo mais sincero da vinda do Senhor Jesus do que aquele que se sente sozinho no meio de um mundo desolador?

Pedro amava o Senhor Jesus Cristo e as suas cartas para os cristãos que sofriam revelam claramente essas grandes e avassaladoras mudanças que tinham acontecido em sua vida. Ele tinha se tornado uma pessoa estável, uma pessoa sólida, um servo de Cristo firme e confiável. Agora ele era capaz de perceber que sofrer por amor a Cristo equivalia a um dos privilégios da vida cristã e preparou seus irmãos e irmãs para o futuro com seu conselho: "Amados, não estranheis o fogo ardente que surge no meio de vós [...], pelo contrário, alegrai-vos na medida em que sois coparticipantes dos sofrimentos de Cristo".

Amados irmãos, esse é o mesmo tipo de situação que vivemos neste mundo do século vinte! É muito proveitoso dar uma oportunidade para que o apóstolo Pedro fale conosco!

Independentemente de quem você seja, e do nível dos seus estudos, você pode ler a primeira epístola de Pedro, entendê-la razoavelmente bem, e dizer a si mesmo: "É o próprio Espírito Santo que está falando comigo!"

Não existe nada de antiquado no livro de Deus. Quando abro minha Bíblia, até encontro algumas datas, mas não de validade. Quero dizer com isso que tenho a sensação e o sentimento de que tudo que está escrito nele pertence a mim. Não há nada nele que pertença a outra época, ou a outro tempo ou mesmo a outras pessoas.

Muitos outros livros, inclusive históricos, contêm as extravagâncias apaixonadas da mente dos homens em situações pontuais, mas eles logo nos enchem de tédio. Se não estivermos fazendo alguma pesquisa, não damos muita atenção a algo antiquado, que pertence a outra época.

Quando, entretanto, o Espírito Santo escreveu as epístolas pelas mãos de Pedro, Paulo e outros autores, Ele fez isso tendo em vista algumas pessoas, mas depois fez com que elas fossem aplicadas de forma tão universal que qualquer cristão que as ler atualmente em qualquer parte do mundo, em qualquer idioma ou dialeto, se esquece de que foram escritas para outras pessoas e diz: "Isso foi escrito para mim! O Espírito Santo estava pensando em mim. Não se trata de algo antiquado ou datado. Trata-se da verdade viva para mim — agora! É quase como se Deus tivesse acabado de me ouvir a respeito dos meus problemas e estivesse me respondendo para me ajudar e incentivar nesse meu período de dor!"

Irmãos, esse é o motivo pelo qual a Bíblia continua sendo atual em todo o tempo. Essa é a razão pela qual a Palavra do Senhor Deus é tão renovadora como cada nascer do sol, tão doce e fresca como o orvalho sobre a relva de manhã depois de uma noite de céu claro — porque ela é Palavra de Deus para o ser humano.

Esta é a maravilha da inspiração divina e a maravilha do livro de Deus!

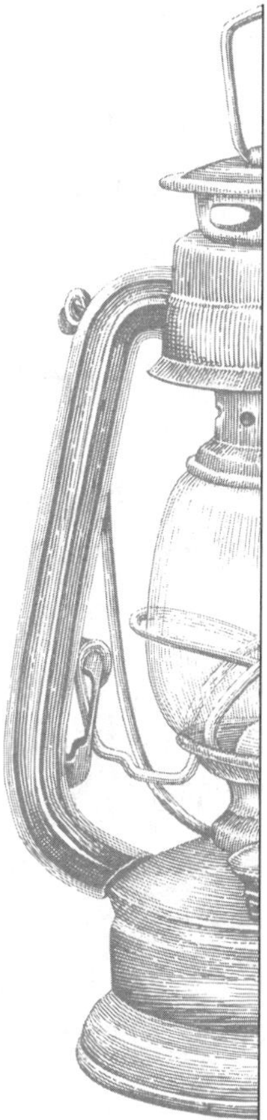

2

Uma heresia evangélica: *o Cristo dividido*

Como filhos da obediência, não vos amoldeis às paixões que tínheis anteriormente na vossa ignorância.

1Pedro 1:14

As Escrituras não ensinam que a Pessoa de Jesus Cristo, nem que os ofícios importantes que Deus o concedeu podem ser divididos ou ignorados de acordo com os caprichos humanos.

Portanto, tenho que ser sincero ao dizer que, na minha opinião, uma heresia notável surgiu dentro de nossos grupos cristãos evangélicos — a ideia amplamente aceita de que nós, seres humanos, podemos escolher aceitar a Cristo somente porque precisamos dele como Salvador, e que temos o direito de adiar nossa obediência a Ele como Senhor o quanto quisermos.

Essa ideia surgiu, naturalmente, de um equívoco a respeito do que a Bíblia realmente diz sobre o discipulado e a obediência cristãos. Agora ela se encontra praticamente na totalidade de nossa literatura evangélica. Confesso que eu era uma das pessoas que pregavam isso antes de começar a orar com honestidade, estudar com dedicação e meditar com angústia sobre toda essa questão.

Acredito que a seguinte afirmação resume bem o ensino que obtive em minha experiência cristã inicial, o qual certamente precisa de muitas modificações e depurações para nos salvar do erro:

> "Somos salvos ao aceitar Cristo como nosso Salvador.
> Somos santificados ao aceitar Cristo como nosso Senhor.
> Podemos fazer a primeira coisa sem fazer a segunda".

A verdade é que não há registro da salvação sem obediência nas Sagradas Escrituras. Pedro deixa bem claro que somos "escolhidos de acordo com o pré-conhecimento de Deus Pai, pela obra santificadora do Espírito, para a obediência [...]".

Como é trágico que, em nossos dias, sempre ouvimos o apelo para que se receba o evangelho sendo realizado com base nesse tipo de fundamento:

"Venha para Jesus! Você não precisa obedecer a ninguém, muito menos mudar em nada. Não precisa desistir de nada, nem alterar nada, nem renunciar a nada, muito menos fazer nada para corresponder a esse apelo — simplesmente venha para Ele e creia nele como Salvador".

Assim, as pessoas atendem esse apelo e creem no Salvador. Posteriormente, em alguma reunião ou conferência, eles passam a ouvir outro apelo:

"Agora que vocês o receberam como Salvador, que tal recebê-lo agora como Senhor?"

O fato de ouvirmos isso em toda parte não faz com que isso seja verdade. Convocar homens e mulheres para crer em um Cristo dividido consiste em um ensino equivocado, porque ninguém pode receber metade de Cristo, ou um terço de Cristo, ou mesmo um quarto da pessoa de Cristo. Não somos salvos por crer somente em um de seus ofícios ou em uma de suas obras.

Já ouvi obreiros bem-intencionados dizerem: "Venham e creiam na obra completa". Essa obra não o salvará. A Bíblia não nos diz para acreditar em algum ofício ou em alguma obra, mas para crer no próprio Senhor Jesus Cristo, a Pessoa que fez estas obras e que possui esses ofícios.

Agora, observe novamente que o destaque de Pedro reside na obediência entre os cristãos espalhados e perseguidos de sua época.

Para mim, parece muito importante que Pedro se refira a seus companheiros cristãos como "filhos obedientes". Ele não estava dando a eles nenhuma instrução, muito menos dando alguma exortação para que fossem obedientes. Na verdade, ele disse: "Partindo do princípio de que vocês são crentes, posso concluir que vocês também são obedientes. Portanto agora, como filhos obedientes, façam isso e aquilo".

Irmãos, gostaria de indicar que a obediência é ensinada por toda a Bíblia e que a verdadeira obediência é uma das exigências mais difíceis da vida cristã. Sem obediência não pode haver salvação, porque salvação sem obediência equivale a uma impossibilidade intrinsecamente contraditória.

A essência do pecado é a rebelião contra a autoridade de Deus.

Deus disse a Adão e Eva: "Mas da árvore do conhecimento do bem e do mal não comerás; porque, no dia em que dela comeres, certamente morrerás". Esta era uma exigência divina de obediência da parte daqueles que tinham livre-arbítrio e volição.

Apesar da veemente proibição, Adão e Eva estenderam as mãos e provaram do fruto, e assim desobedeceram e se rebelaram, trazendo pecado sobre si mesmos.

Paulo escreve de maneira bem clara e direta na Carta aos Romanos sobre a "desobediência de um homem" — e essa é uma palavra severa do Espírito Santo por meio do apóstolo —, por meio da qual veio a queda da raça humana.

No Evangelho de João, a Palavra diz de forma clara que o pecado é a transgressão da lei, que ele equivale à desobediência à lei de Deus. O retrato que Paulo faz dos pecadores em Efésios conclui que "as pessoas do mundo são filhas da desobediência". Paulo, com certeza, quer dizer com isso que a desobediência é o fator que os caracteriza, os forma e os condiciona. A desobediência faz fazer parte da natureza do homem sem Cristo.

Tudo isso cria o cenário para a importante e contínua pergunta que é colocada diante da raça humana: "Quem é que manda em minha vida?". Ela se divide em uma série de três perguntas: "A quem pertenço?", "A quem eu devo obediência:", e "Quem tem autoridade para exigir obediência da minha parte?".

Agora imagino que, de todos os povos do mundo, os americanos tenham a maior dificuldade em prestar obediência a algo ou a alguém. Espera-se que eles sejam filhos da liberdade. Nós mesmos somos fruto de revolta. Fizemos uma revolução, lançando o chá dos navios no porto de Boston ao mar. Fizemos discursos e dissemos: "O som do conflito armado é levado por todo vento que vem do parque de Boston" e, por fim, "Liberdade ou morte!".

Isso está no nosso sangue e, quando alguém diz: "Você me deve obediência", nós já ficamos todos arrepiados! No senso comum, não olhamos com bons olhos a alternativa de prestar obediência a alguém.

No mesmo sentido, as pessoas deste mundo possuem uma resposta rápida e pronta às perguntas "A quem pertenço?" e "A quem devo obediência?".

A resposta deles é a seguinte: "Eu pertenço a mim mesmo. Ninguém tem autoridade de exigir que lhe preste obediência!".

A nossa geração dá muita importância a isso, e damos a isso o nome de "individualismo". Com base em nossa individualidade, reivindicamos o direito de decidir o que quisermos.

Em um avião, o piloto que está no comando determina para onde ele se dirige. Ele tem que decidir para onde ele vai.

Agora, se Deus nos tivesse feito humanos para sermos meras máquinas, não teríamos o poder de autodeterminação. No entanto, já que Ele nos fez à sua própria imagem e fez de nós criaturas morais, então Ele nos concedeu esse poder.

Gostaria de insistir que não temos o direito de fazer o que queremos porque Deus nos concedeu apenas o poder de escolher o mal. Visto que Deus é um Deus santo e que somos criaturas morais que têm o poder, mas não têm o direito de escolher o mal, nenhum homem possui o direito de mentir.

Até temos a capacidade de mentir, mas ninguém tem o direito de mentir.

Temos a capacidade de roubar — tanto que poderia sair daqui e arranjar um casaco bem melhor do que esse que eu tenho. Poderia escapulir por uma porta lateral e fugir com esse casaco novo. Tenho essa capacidade, mas não tenho esse direito!

Tenho o poder de usar uma faca, uma navalha ou qualquer outra arma para matar alguém — mas não tenho esse direito. Só tenho a capacidade de fazer isso.

Na verdade, só temos o direito de sermos bons; nunca temos o direito de sermos maus, porque Deus é bom. Só temos o direito de sermos santos; nunca tivemos o direito de profanar a nossa vida. Se você é ímpio, você está reivindicando um direito que não é seu. Adão e Eva não tinham nenhum direito moral de comer da árvore do conhecimento do bem e do mal, mas tomaram do fruto e usurparam um direito que não era deles.

O poeta Tennyson devia ter isso em mente quando escreveu em seu poema *In Memoriam*: "Embora livres para escolher, não compreendemos a origem desse livre-arbítrio; devemos usá-lo para te servir!".

Meu pai do céu, como esse mistério do livre-arbítrio do homem vai além do nosso entendimento! Tennyson disse "não compreendemos". Depois ele recobra o fôlego e continua: "devemos usá-lo para te servir", e esse é o único direito que temos aqui, que é o de submeter a nossa vontade à vontade de Deus!

Temos que nos lembrar de quem é Deus e de quem nós somos. É Deus que é soberano, e nós que somos as criaturas. Ele é o Criador, portanto tem o direito de nos ordenar com a obrigação de obedecermos. Porém, confesso que se constitui em uma obrigação feliz porque "seu jugo é suave e o seu fardo é leve".

Ora, é aqui que levanto novamente a questão sobre a nossa insistência de que Cristo possa manter um relacionamento dividido conosco. Isso se prega com tanta frequência que o simples fato de se opor ou questionar isso indica que está se arriscando e que é melhor se preparar para o que vem pela frente.

Como, no entanto, podemos insistir e ensinar que nosso Senhor Jesus Cristo pode ser nosso Salvador sem ser nosso Senhor? Como poderemos continuar a ensinar que podemos ser salvos sem um único pensamento de obediência ao nosso Senhor Soberano?

Estou convencido de que, quando um homem crê em Jesus Cristo, deve crer em todo o Senhor Jesus Cristo — sem qualquer ressalva! Estou igualmente convencido de que é completamente errado olhar para Jesus como uma espécie de enfermeiro divino, ao qual devemos recorrer toda vez que o pecado nos deixa doentes, e depois de Ele nos ajudar, dizer "adeus" e seguir nosso próprio caminho.

Suponha que eu entre ardilosamente em um hospital e diga à equipe médica que preciso de uma transfusão de sangue ou quem sabe de uma radiografia da vesícula. Depois de eles me examinarem e me prestarem toda assistência, eu simplesmente me esgueirasse do hospital com um alegre "Adeus!", como se não lhes devesse nada e fosse simplesmente uma gentileza da parte deles me ajudarem quando precisei.

Isso pode lhe soar como um pensamento grotesco, mas retrata muito bem aqueles que foram ensinados que podem usar Jesus como Salvador em momentos de necessidade, sem o receber como Senhor e Soberano, e sem lhe dever obediência e lealdade.

A Bíblia nunca nos apresenta esse conceito de salvação. Em nenhum lugar somos levados a acreditar que podemos usar Jesus como Salvador sem reconhecê-lo como Senhor. Ele é o Senhor, e como Senhor Ele nos salva, porque Ele possui a completude dos ofícios de Salvador, Cristo, Sumo Sacerdote, Sabedoria, Justiça, Santificação e Redenção! Ele é tudo isso e tudo isso está incorporado nele como Cristo, o Senhor.

Meus irmãos, não temos a permissão de nos chegarmos a Jesus como negociantes astutos ou espertos dizendo que aceitamos isso ou aquilo, mas que não receberemos aquilo outro. Nós não nos aproximamos dele como alguém que, ao comprar móveis para a sua casa, declara: "Levarei esta mesa, mas não quero aquela cadeira" — dividindo, assim, as coisas.

Não, senhor! É tudo de Cristo ou nada de Cristo!

Acredito que precisamos pregar o Cristo completo novamente ao mundo — um Cristo que não precisa de nosso pedido de desculpas, um Cristo indivisível, um Cristo que ou será Senhor de tudo ou não será Senhor de nada.

Acho que é importante concordar que a verdadeira salvação restaura o direito do relacionamento entre o Criador e a criatura porque reconhece o direito de Deus de conviver e ter comunhão conosco.

Claro! Aqui está uma sugestão para esticar o texto:

Como podemos perceber, ultimamente temos atribuído um valor muito grande à psicologia da condição do pecador. Passamos muito tempo descrevendo em detalhes a sua situação miserável, a sua angústia ou o peso imenso que ele carrega. Ele realmente passa por tudo isso, mas temos dado um destaque exagerado a ponto de nos esquecermos do fato principal: de que o pecador nada mais é que uma pessoa que se rebela contra uma autoridade constituída legitimamente.

É isso que dá origem ao pecado. Somos pessoas rebeldes. Somos filhos da desobediência. Pecado significa transgressão, e estamos em rebelião, fugindo das leis justas de Deus enquanto pecamos.

Só para dar um exemplo, imagine que um homem fugiu da prisão. Com certeza, ele sofrerá. Ele sentirá dor por se chocar com troncos, pedras e cercas enquanto rasteja e se esconde no escuro. Ele ficará com fome, frio e cansaço. Sua barba crescerá, e ele ficará exausto, encolhido e com frio — tudo isso acontecerá, mas é secundário ao fato de que ele é um foragido da justiça e um transgressor da lei.

A mesma coisa acontece com os pecadores. Com certeza, eles estão de coração partido e carregam um fardo pesado. É claro que eles estão cansados e sobrecarregados. A Bíblia reconhece tudo isso, mas essas coisas não passam de detalhes diante do fato de que a razão pela qual o pecador se acha nessa condição é porque ele se rebelou contra as leis de Deus e é um fugitivo do juízo divino.

A natureza do pecado se baseia nisso, e não no fato de carregar um fardo pesado de amargura, tristeza ou culpa. Essas coisas apenas constituem as consequências da natureza pecaminosa, mas a raiz do pecado está na rebelião contra a lei ou contra Deus. O pecador não diz que ele pertence a si mesmo e que não tem compromisso com ninguém, a menos que seja por escolha própria? Essa é exatamente a essência do pecado.

Felizmente, a salvação reverte tudo isso e restaura o relacionamento anterior, de modo que a primeira coisa que o pecador que se arrepende faz é confessar o seguinte: "Pai, pequei contra o céu e diante de ti; já não sou digno de ser chamado teu filho; trata-me como um dos teus trabalhadores".

Ao nos arrependermos, portanto, retornamos a esse relacionamento e nos sujeitamos completamente à Palavra e à vontade de Deus, como filhos obedientes.

Ora, a felicidade de todas as criaturas morais reside justamente nisso, irmãos, ao prestar obediência a Deus. O salmista clamou no salmo 103:

> Bendizei ao SENHOR, todos os seus anjos, valorosos em poder, que executais as suas ordens e lhe obedeceis à palavra.

Os anjos no céu encontram sua liberdade plena e sua felicidade mais sublime obedecendo aos mandamentos de Deus. Eles não encaram isso como uma tirania — eles veem isso como um prazer.

Detive meu olhar mais uma vez nos mistérios do capítulo 1 de Ezequiel, e ainda não consegui entender. Existem criaturas com quatro faces e quatro asas, seres estranhos fazendo coisas estranhas. Eles possuem rodas e ainda outras rodas no meio delas. Há fogo saindo do norte e criaturas se movimentando em linha reta e algumas que abaixam e agitam suas asas. Seres estranhos e belos, todos se deleitando completamente na presença de Deus e pelo fato de poderem servi-lo!

O céu é um lugar de sujeição à vontade plena de Deus, e é justamente por isso que é o céu.

Por outro lado, o inferno certamente é o mundo da desobediência. Tudo o mais que se possa dizer sobre o inferno pode ser verdade, mas esta é a sua essência — o inferno é o mundo dos rebeldes. Trata-se da Alcatraz[1] dos rebeldes incorrigíveis que se recusam a se submeter à vontade de Deus.

Sou grato a Deus porque o céu é o mundo dos filhos obedientes a Ele. Independentemente do que se pode dizer a respeito dos seus portões de pérola, de suas ruas de ouro e de seus muros de jaspe, a definição mais exata do céu é a seguinte — o mundo dos filhos obedientes. O que caracteriza o céu é o fato de que os filhos do Deus Altíssimo se sentem à vontade nesse lugar como seres morais obedientes.

Jesus disse que há fogo e vermes no inferno, mas não é isso que o faz ser como ele é. Suportar os vermes

---

[1] Alcatraz foi uma famosa prisão federal localizada em uma ilha na baía de São Francisco, na Califórnia, Estados Unidos, que permaneceu em atividade de 1934 a 1963. Era conhecida por abrigar alguns dos criminosos mais notórios e perigosos da época, como Al Capone e Robert Stroud. Uma das razões da fama do presídio devia-se à sua localização isolada, tornando as tentativas de fuga extremamente difíceis por causa das águas frias e fortes correntes marítimas ao redor da ilha. Atualmente, Alcatraz é um destino turístico popular e faz parte do Parque nacional Golden Gate. [Nota do Revisor]

e o fogo já é complicado, mas a essência do inferno e do juízo reside no entendimento e na percepção da criatura moral de que se encontra ali por ser uma pessoa rebelde. Trata-se do mundo eterno de todos os rebeldes desobedientes que vivem dizendo: "Não devo nada a Deus".

Este é o tempo que nos é dado para decidir. Cada pessoa toma sua própria decisão a respeito do mundo eterno que habitará.

Trata-se de uma questão muito séria para decidir. Você não chega a essa decisão como se fosse uma questão de ser entrevistado para um emprego ou obter seu diploma em uma escola.

Não temos base para acreditar que podemos chegar de forma casual e alegre ao Senhor Jesus e dizer: "Vim pedir uma ajudinha tua, Senhor Jesus. Reconheço que tu és meu Salvador, portanto crerei em ti, serei salvo, depois sairei por aí e deixarei essas outras questões de senhorio, fidelidade e obediência para uma próxima ocasião".

Eu o advirto! Você não conseguirá nenhuma ajuda dessa maneira, porque o Senhor não salvará aqueles a quem Ele não pode governar.

Ele não dividirá seus ofícios. Não dá para se crer em Cristo pela metade. Nós o recebemos por tudo o que Ele é — o Salvador ungido e Senhor que é Rei dos Reis e Senhor dos Senhores! Ele não seria quem Ele é se tivesse nos salvado e escolhido sem que entendêssemos que Ele também pode orientar e controlar a nossa vida.

Irmãos, creio de verdade na vida e nas experiências cristãs mais profundas! No entanto, creio que não passa de um equívoco tentarmos obter uma vida mais profunda a partir de uma salvação imperfeita, que foi obtida de forma imperfeita por causa de um conceito imperfeito de tudo o que ela envolve.

Sob a ação do Espírito de Deus por meio de homens como Finney e Wesley, ninguém jamais ousaria se levantar em alguma reunião e dizer "Sou cristão" se não tivesse entregado todo o seu ser a Deus, recebido Jesus Cristo tanto como seu Senhor como seu Salvador, e sujeitando-se à vontade do Senhor em obediência. Somente então ele poderia dizer "Estou salvo".

Hoje em dia, deixamos que as pessoas digam que são salvas, não importando quão imperfeito e incompleto seja o processo, com a ressalva de que uma vida cristã mais profunda possa ser incorporada em algum momento no futuro.

Será que é razoável que realmente pensemos que não devemos nenhuma obediência a Cristo?

Devemos-lhe a nossa obediência desde o segundo em que clamamos a Ele pedindo salvação, e se não lhe prestarmos essa obediência, tenho razão para questionar se realmente somos convertidos!

Fico só vendo e ouvindo as coisas que os cristãos andam fazendo, e, enquanto assisto ao que eles fazem com sua profissão de fé, me ponho a questionar se realmente tiveram alguma experiência de conversão.

Irmãos e irmãs, creio que isso é resultado de ensinamentos equivocados desde o início. Eles encaravam o Senhor como um hospital e Jesus como o chefe da equipe médica que ajuda pobres pecadores que se meteram em encrenca.

Eles insistem: "Senhor, me ajuda, pra que eu possa continuar vivendo do meu jeito!".

Trata-se de um péssimo ensino, meus irmãos! Esse ensino está cheio de ilusões. Peço que olhemos para Jesus, aquele que é sublime, santo, cheio de coroas, Senhor dos Senhor e Rei de todos, como alguém que tem pleno direito de requerer obediência irrestrita de todo o povo que Ele salvou.

Lembre-se do que a Bíblia diz a respeito da Pessoa, dos títulos e dos ofícios de Jesus: "A este Jesus, que vós crucificastes, Deus o fez Senhor e Cristo". O nome de Jesus significa *Salvador*, o título *Senhor* significa Soberano, e a palavra *Cristo* quer dizer Ungido. Portanto, o apóstolo não pregou Jesus somente como Salvador — ele lhes pregou Jesus como "Senhor e Cristo" e Salvador, sem dividir nem a sua pessoa, nem os seus ofícios.

Lembre-se também do que Paulo escreveu para os cristãos de Roma:

> Porém que se diz? A palavra está perto de ti, na tua boca e no teu coração; isto é, a palavra da fé que pregamos. Se, com a tua boca, confessares Jesus como Senhor e, em teu coração, creres que Deus o ressuscitou dentre os mortos, serás salvo.

O apóstolo não disse "se confessares Jesus como Salvador". Ele disse: "Se, com a tua boca, confessares Jesus como Senhor [...]. Porque com o coração se crê para justiça e com a boca se confessa a respeito da salvação [...]. Pois não há distinção entre judeu e grego, uma vez que o mesmo é o Senhor de todos, rico para com todos os que o invocam. Porque: Todo aquele que invocar o nome do Senhor será salvo" (Romanos 10:9-13).

Ele chama três vezes Jesus de Senhor nessas passagens que nos dizem como podemos ser salvos. Ele diz que a fé no Senhor Jesus, juntamente com a confissão dessa fé ao mundo, nos traz a salvação.

Deus deseja acima de tudo que sejamos honestos com Ele. Pesquise as Escrituras, leia o Novo Testamento, e, se você vir que há um mínimo de verdade no que eu disse, então eu o encorajo a tomar uma atitude. Se você foi levado a crer de maneira imperfeita em um Salvador dividido, regozije-se porque ainda há tempo para você fazer algo a respeito.

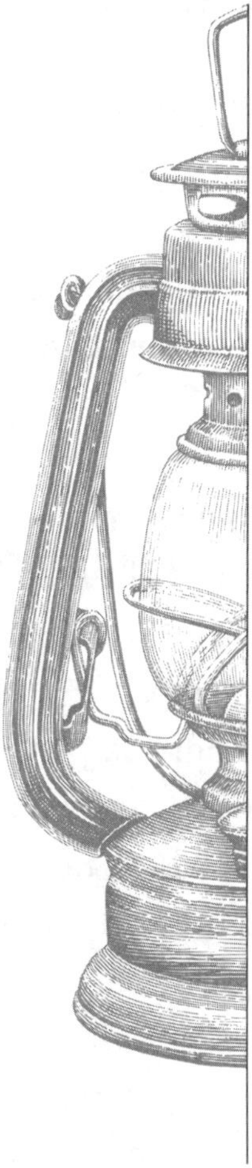

3

Uma realidade abençoada: *ser regenerado!*

[...] o Deus e Pai de nosso Senhor Jesus Cristo, que [...] nos regenerou [...].

1Pedro 1:3

QUALQUER CRISTÃO CONVICTO QUE ACHA necessário viver se justificando para este mundo, ainda não entendeu nada sobre a salvação mediante nosso Senhor Jesus Cristo revelada no Novo Testamento.

O apóstolo Pedro diz que "Deus nos regenerou para uma viva esperança", e isso consiste em um milagre contínuo que deve levar sempre a igreja cristã para o ataque!

Não temos razão para nos envergonharmos diante do mundo se já nascemos de novo e fomos transformados pelo milagre da graça sobrenatural, além de sermos dotados da única esperança viva e eterna que veio a este mundo triste e perdido.

Por que não temos a coragem que faz parte da nossa fé cristã saudável? Não dá para entender toda essa vergonha desprezível e essa atitude tímida de muitos cristãos convictos.

Não posso deixar de falar sobre o tipo de confiança, entusiasmo e fanatismo que o comunista fiel desenvolve em sua doutrina inspirada por demônios, e lembrem-se — comunistas nunca pedem desculpas!

Entretanto, muitos cristãos desperdiçam boa parte do seu tempo e da sua energia se desculpando porque nunca se envolveram em uma ofensiva real em nome de Deus, pelo poder ilimitado do Espírito Santo. Não desejamos nada deste mundo — porque cremos em algo que se baseia em todos os fatos sólidos da vida. As verdades nas quais acreditamos e os elos da corrente de evidências que as estruturam são claros e racionais. Afirmo que a igreja tem o direito de se alegrar muito e que não está na hora de os crentes se conformarem com uma postura sempre defensiva.

Irmãos, não se esqueçam de que o novo nascimento é um milagre — um milagre importantíssimo! Trata-se de uma obra fundamental e exclusiva dentro da natureza humana. Quando Pedro a descreve, ele a relaciona com o milagre da ressurreição de Cristo: "Deus [...] que

[...] nos regenerou para uma viva esperança, mediante a ressurreição de Jesus Cristo dentre os mortos".

Encontramos aqui um princípio divino — o fato de que a pessoa que nasce de novo de verdade é alguém que experimentou uma nova gênese, uma gênese sobrenatural. Do mesmo modo que Deus gerou os céus e a terra no princípio, Ele opera uma regeneração no íntimo daquele que crê!

Com a mesma certeza de que a criação a partir do nada pela Palavra foi um milagre extremamente importante, a obra de Deus em transformar um pecador em cristão é um milagre do mesmo nível que esse.

Com base naquilo que Deus está disposto a fazer e certamente fará, reflita sobre a maneira como queremos "forçar as pessoas adentro" no cristianismo moderno.

Nós trazemos as pessoas para o nosso meio com todos os métodos possíveis. Depois tentamos trabalhá-las, ajustá-las e reformá-las.

Pode ser que não me entendam quando digo isso, mas chegamos até a identificar duas obras da graça porque achamos que a primeira parece ser tão sem sentido apologeticamente falando que tentamos encará-la como duas.[2]

---

[2] Na teologia reformada, as duas obras da graça são *justificação* e *santificação*. A primeira consiste no ato pelo qual Deus declara

Não estou falando contra a segunda obra da graça, mas estou falando em favor da obra que deve acontecer no coração do homem quando tem o seu primeiro encontro com Deus. O que estou perguntando é o seguinte: Por que devemos nos sentir forçados a inventar uma segunda, terceira ou quarta experiência no decorrer do tempo para obter aquilo que já devíamos ter recebido no nosso primeiro encontro com Deus?

Eu creio na unção do Espírito Santo depois da regeneração — mas creio igualmente que não devemos desvalorizar o novo nascimento para achar um lugar para a unção do Espírito Santo.

Já li muito e estudei por bastante tempo a vida e o ministério de muitos homens santos de Deus do passado, nas gerações antigas. Sou levado a acreditar que muitos deles eram cristãos melhores pouco depois de receber a regeneração do que a nata das pessoas que professam a chamada "vida profunda", com as quais convivo atualmente.

---

o pecador justo por meio da fé em Jesus Cristo. A última é o processo pelo qual Deus torna o crente santo, separando-o do pecado e conformando-o à imagem de Jesus Cristo. Embora exista um amplo consenso entre os teólogos reformados sobre os princípios centrais dessa doutrina, algumas nuances e interpretações podem variar entre diferentes tradições e estudiosos. [Nota do Revisor.]

Acho que a diferença está no destaque do importante milagre que devemos esperar na genuína conversão cristã. As pessoas da antiguidade não teriam crido se esse milagre não houvesse ocorrido. Elas nunca teriam a disposição de aceitar nenhum tipo de crença pálida e tímida no Filho de Deus. Elas insistiram que um milagre tinha acontecido em seu eu interior. Elas sabiam o que Pedro tinha em mente quando disse que o Senhor Deus nos regenerou para uma viva esperança — e aceitavam o princípio de um milagre que foi operado no ser humano por meio da graça divina.

Quando lemos o Antigo Testamento, somos lembrados várias vezes a respeito da possibilidade desse milagre de purificação e transformação.

"Cria em mim, ó Deus, um coração puro e renova dentro de mim um espírito inabalável" — temos aí, pelo menos, uma indicação de um milagre que acontece dentro do ser humano. Os homens de Deus no Antigo Testamento nunca nos disseram que chegaram a uma posição de fé e de poder por meio do raciocínio — mas disseram que algo tinha acontecido dentro de seu ser que não poderia ser natural e completamente explicado.

Na época do Antigo Testamento, Deus disse claramente: "Esta é a aliança que firmarei com a casa de Israel, depois daqueles dias, diz *o* SENHOR: Na mente, lhes imprimirei as minhas leis, também no coração lhas inscreverei; eu serei o seu Deus, e eles serão o meu povo".

Depois, em Ezequiel, Deus disse: "Dar-lhes-ei um só coração, espírito novo porei dentro deles; tirarei da sua carne o coração de pedra e lhes darei coração de carne; para que andem nos meus estatutos, e guardem os meus juízos, e os executem; eles serão o meu povo, e eu serei o seu Deus".

Acho que isso pode ser classificado como um forte indício de regeneração ou de renascimento moral.

Mas passe para o Novo Testamento e descobrirá que esse milagre não se acha mais oculto — o milagre sobrenatural do novo nascimento é proclamado de forma aberta e corajosa.

O apóstolo João escreveu que o nosso Salvador disse que se tentássemos ir a Ele sem que tivéssemos nascido de novo, não entraríamos no reino de Deus.

João também relata de modo claro que "a todos quantos o receberam, deu-lhes o poder de serem feitos filhos de Deus [...] os quais não nasceram do sangue, nem da vontade da carne, nem da vontade do homem, mas de Deus".

O apóstolo Paulo disse à igreja de Corinto: "[...] se alguém está em Cristo, é nova criatura; as coisas antigas já passaram; eis que se fizeram novas".

Será que é possível fazer uma declaração mais forte do que essa?

Pedro descreve este milagre na sua época como ser "regenerados [...] mediante a palavra de Deus, a qual vive e é permanente".

Em sua epístola, Tiago escreveu que "segundo o seu querer, ele nos gerou [...] para que fôssemos como que primícias das suas criaturas".

Por todo o Novo Testamento explica-se da forma mais clara possível que Deus esperava operar um milagre por meio da sua graça transformadora no interior de cada ser humano que se dispusesse a vir a Ele pela fé.

Se cremos no Novo Testamento, certamente devemos acreditar que o novo nascimento é um grande milagre, tão grandioso quanto a criação dos céus e da terra, porque o novo nascimento acaba sendo, de fato, a criação de um novo homem no coração onde outro homem antes existia.

Acredito que essa é a conversão cristã genuína sobre a qual estamos falando — a substituição do velho homem por um novo, a fim de que nasçamos "de novo".

Essa é a ideia que afirmo — que o novo nascimento foi providenciado pelo amor, pela graça e pela sabedoria de Deus, para traçar uma linha divisória bem clara entre aqueles que se convertem ao cristianismo por outros meios e aqueles que experimentaram essa regeneração.

Esta é uma boa oportunidade para que eu comente que alguns cristãos convictos ainda estão tentando dar explicações naturais e razoáveis para aquilo que Deus disse que Ele faria de forma milagrosa pelo seu Espírito.

Permita-me fazer o alerta de que se você crê em Cristo e já encontrou algum psicólogo que pode lhe explicar exatamente o que aconteceu com você por causa da sua fé, deixe de se considerar nascido de novo! A partir do momento que a experiência de um homem em Cristo pode ser dissecada e explicada pelos psicólogos, temos em nossas mãos mais um membro de igreja — não um verdadeiro crente!

Essa é a minha opinião honesta, porque tenho toda a certeza de que o elemento milagroso na experiência cristã verdadeira nunca pode ser explicado por meio do exame psicológico. Qualquer psicólogo honesto se limita a se afastar de forma respeitosa e dizer: "Eis as obras do Senhor!". Ele nunca poderá explicar o que aconteceu.

Não me importo de dizer da forma mais sincera possível que tudo o que tem valor no cristianismo não passa de um milagre! Na verdade, posso muito bem viver sem as superficialidades do cristianismo — os adereços e toda a parafernália exterior. Vivo muito bem sem elas porque no núcleo da nossa fé se encontram os milagres que palpitam e batem dentro da mensagem de Deus e dentro da pessoa que crê de verdade — e é aí que se acha a essência da fé cristã.

No que se refere a mim, creio que a graça sobrenatural tem sido o ensino e a experiência da igreja cristã desde o dia de Pentecostes até os dias de hoje.

Ora, ser verdadeiramente nascido de novo trata-se do milagre de se tornar participante da natureza divina. Isso significa bem mais do que uma simples expressão religiosa; bem mais do que a expressão que ouvimos com muita frequência, que é: "Ele realmente nasceu de novo".

Alguns evangélicos não querem dar o braço a torcer, mas acho que essa questão importante do novo nascimento está sendo abandonada, juntamente com muitos outros ensinos bíblicos. Nem preciso lhes dizer que em muitas igrejas cristãs há a impressão de que estamos em uma capela mortuária em vez de estarmos na igreja do Deus vivo.

Os cristãos que foram regenerados de forma milagrosa devem se alegrar na sua libertação do túmulo da morte espiritual. Mas, em vez disso, geralmente nos sentimos como se estivéssemos na presença de um cadáver que acabou de vir da rua. Trata-se de algo bem triste que as palavras "nascido de novo" passaram a ser expressões que parecem ter pouco significado, porque a ênfase na graça sobrenatural diminuiu, mesmo em alguns setores fundamentalistas.

O novo nascimento continua sendo um milagre de Deus — não se trata de algo da mente, nem uma questão mental. A minha avaliação é de que existem muitos que falam a respeito de nascer de novo com base em sua concordância mental com os princípios cristãos. Acho que existem muitas pessoas que recebem Cristo mentalmente que nunca descobriram a qualidade sobrenatural da graça ou do agir de Deus.

Deus espera plenamente que a igreja de Jesus Cristo demonstre ser um grupo milagroso bem no meio de um mundo hostil. Os cristãos necessariamente têm que entrar em contato com o mundo, mas o seu ser e o seu espírito devem estar separados dele — e, assim, devemos ser o povo mais incrível do mundo.

Minimizamos, no entanto, o milagre da graça divina de tal maneira que é necessário procurar o nome da pessoa em algum rol de membros para saber se ela é ou não é cristã.

Irmãos, há uma diferença! Existe também um dia triste e terrível de juízo vindouro, um dia de revelação e de assombro para aqueles que confiaram em um mero consentimento intelectual com o cristianismo em vez de passar pelo milagre do novo nascimento.

É somente pela iluminação do novo nascimento que nós, seres humanos, chegamos a um entendimento pleno da palavra *esperança* que Pedro usou em suas epístolas.

Gosto de pensar na palavra esperança como uma das grandes palavras que Cristo nos concedeu, embora ela já fosse usada no Antigo Testamento e, na verdade, apareça 140 vezes em toda a Bíblia.

Mas você já percebeu no Novo Testamento que Jesus Cristo não faz nenhum esforço para criar palavras novas ou inéditas? Ele usava palavras que eram bem conhecidas, mas invariavelmente as revestia de um significado novo e maravilhoso. É por isso que, ao refletirmos sobre suas palavras, acabamos dizendo: "Foi Jesus que nos deu essa palavra!".

Nesse sentido e nesse entendimento, podemos muito bem dizer que a esperança é uma palavra que assumiu um sentido novo e mais profundo para nós quando passa pelos lábios do Salvador. Descobrimos, de repente, quando o amamos e obedecemos, que a esperança é, de fato, o ponto para o qual toda a Bíblia se direciona. A esperança é a música de toda a Bíblia, é o bater do seu coração, o pulso e a atmosfera de todas as Escrituras Sagradas.

A palavra esperança implica em uma expectativa desejável, uma antecipação agradável. O seu sentido comum entre os homens geralmente se desfaz diante deles e nos decepciona como seres humanos de forma cruel. A esperança que é somente humana nos frustrará e magoará ao se transformar de uma expectativa agradável em tristeza ou desânimo.

Entretanto, Pedro nos garante que a esperança cristã está viva, e que o cristão é regenerado — nascido de novo — para uma viva esperança. Esse adjetivo é o mais forte na Bíblia para designar vida, e é a palavra que qualifica o próprio Deus quando Ele diz que é o Deus Vivo.

Desse modo, portanto, Deus toma a esperança cristã, a transforma em si mesmo e transmite o seu próprio sentido da vida para a esperança do crente.

Existe uma grande lição nisso para todo cristão que se acomodou à situação atual neste mundo e está se satisfazendo com as várias coisas boas que ele pode alcançar e que é capaz de desfrutar.

Pode-se dizer com segurança que a expectativa agradável das coisas melhores que virão praticamente morreu na igreja de Cristo. É uma grande tentação adotar a visão superficial de que não precisamos de nenhum céu prometido para o futuro porque estamos bem situados no presente.

Esse é o destaque da nossa época: "Não precisamos ter esperança — já temos de tudo agora!".

Entretanto, o destaque moderno é miserável e equivocado. Quando falamos, de fato, no futuro, falamos da escatologia em vez do céu. Quando encontro qualquer cristão que consegue viver, trabalhar e servir neste mundo e se acomodar a ele como uma mão que se encaixa em uma luva bastante usada e conhecida, começo a me preocupar com ele. Começo a questionar se essa pessoa realmente nasceu de novo.

Irmãos, nós ainda estamos vivendo em uma geração ímpia e adúltera, e devo confessar que os cristãos que encontro, aqueles que realmente fazem a diferença para o Salvador, destoam muito de sua geração.

Vocês podem não concordar comigo, mas tenho que crer que, quando Deus faz um milagre no íntimo do ser humano, o céu passa a ser imediatamente o destino do cristão, e ele é atraído na sua direção como o pássaro na primavera é levado a voar para o norte, rumo ao seu lar no verão.

O cristão que confia em Deus também possui um lar; mas o fato de que não estamos ansiando por ele nem desejando ir para lá com o mínimo entusiasmo é o sinal mais sério e revelador de que há algo de errado com a nossa vida espiritual.

Lembro-me de uma pesquisa recente que indicava que 82% do povo norte-americano expressaram crença em Deus e expectativa de ir para o céu. Pessoalmente, não gosto de trabalhar com estatísticas, mas, a partir daquilo que sei a respeito dos homens e das mulheres deste meu país, gostaria de dizer de forma corajosa e um tanto indelicada que calculo que três quartos desses 82 por cento estão cultivando uma esperança inútil.

Tudo isso é bem triste, mas deve ser dito que a esperança terrena do homem e da mulher sem Deus, sem Cristo e sem fé é vã. Com certeza, há uma grande multidão de pessoas ao nosso redor que precisa ser lembrada de que, se deseja mesmo ir morar no céu, é melhor que comece a viver de acordo com seu futuro lar agora, e, se espera morrer com Cristo, é melhor passar a viver em Cristo.

A esperança que o mundano cultiva é vaga e trata-se de algo inútil por causa da incredulidade. É a incredulidade que impede que a nossa mente galgue as alturas até a cidade celestial e ande pela fé com Deus pelas ruas de ouro. É a incredulidade que nos mantém presos às coisas desta terra, desejando fortemente e ansiosamente percorrer os jornais para descobrir quem vem pregar porque tem vontade de se divertir de algum modo.

Toda pessoa que precisa que lhe faça cócegas constantes para se manter feliz e satisfeito não está em boa forma espiritualmente. Pode ser que essa pessoa ignore o fato de que a Bíblia nos convoca a prosseguir rumo à perfeição, porque pertence à ala da igreja que não se satisfaz sem a uma visita do mais recente vendedor ambulante do evangelho, que promete sinos de vaca, um serrote musical, e muitas outras firulas.

Irmãos, somos nascidos de Deus e a nossa esperança cristã é real! Não se trata de algo vazio, inútil, nem de sonhos que não podem se realizar. Aumente suas expectativas e faça prova de Deus começando a ter sonhos sublimes de fé e de realizações espirituais, e espere que Deus as atenda. Não há como superar Deus nem ter esperanças maiores do que as que Ele pode dar. Lembre-se de que todas as suas esperanças são finitas, mas a capacidade de Deus é infinita!

Irmãos, o que faz nossa esperança ser viva e o futuro ser real e firme para nós?

A resposta é clara e simples — a ressurreição de nosso Senhor Jesus Cristo equivale à garantia graciosa do nosso futuro abençoado.

Ouso dizer isso para vocês, meus amigos — sua esperança cristã possui o tamanho de Jesus Cristo. Sua expectativa do futuro vive ou morre com Jesus. Se Ele é quem disse ser, pode abrir as asas e voar. Se não é, vocês cairão como uma bola de chumbo.

Jesus Cristo é a nossa esperança e Deus o ressuscitou dentre os mortos, e, devido ao fato de que Ele venceu o túmulo, os cristãos têm a ousadia de morrer.

Séculos atrás, homens incrédulos achavam que eles podiam extinguir o evangelho exibindo publicamente os seguidores de Jesus que foram transformados e regenerados nos locais de torturas e de execuções. Logo, os torturadores insensíveis começaram a sentir algo diferente na presença da vitória alegre sobre a morte e passaram adiante essa mensagem: "Vejam como esses cristãos morrem!".

Tenho certeza de que eles conseguiam morrer de forma pacífica porque tinham vivido bem, e acho que a pessoa que não vive bem terá dificuldade de passar por essa experiência.

Em nosso tempo, essa declaração será assustadora para alguns teólogos caça-níqueis — aqueles que insistem que a salvação é como colocar uma ficha na máquina da fé, puxar a alavanca, ter a garantia imperdível da vida eterna e sair por aí sossegado.

A ressurreição de Jesus Cristo é a nossa garantia, e o cristão ousa morrer se viver de forma correta, possuir uma esperança viva, tiver nascido do Espírito e caminhar com Deus.

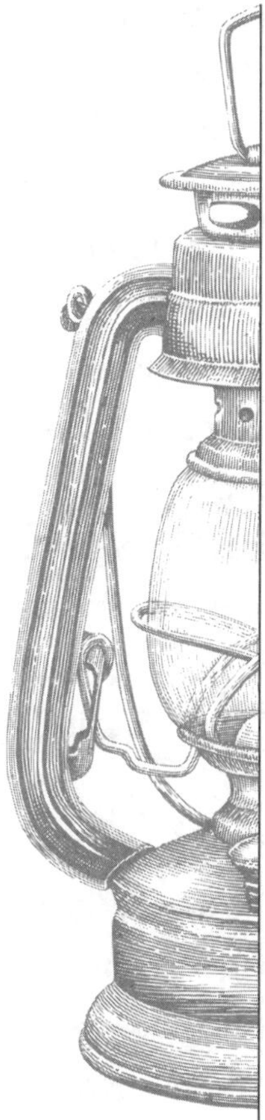

4

Uma pergunta que leva à reflexão: *justiça ou misericórdia?*

Bendito o Deus e Pai de nosso Senhor Jesus Cristo, que, segundo a sua muita misericórdia [...].

1Pedro 1:3

EXISTEM MUITAS PESSOAS EM NOSSO tempo que parecem concordar com a ideia de que Deus lida com algumas pessoas com base na misericórdia e com outras com base na justiça.

A Bíblia, no entanto, não dá margem para dúvida quanto a este assunto — é claro que Deus trata todas as pessoas com misericórdia e que todos os benefícios que Deus concede devem-se a ela!

Se Deus não tratasse a todos nós com misericórdia, teríamos perecido antes de ter tempo de nos converter. Gosto de pensar assim: nós flutuamos no mar imenso e ilimitado da misericórdia divina, porque é justamente ela que não deixa que o pecador mais vil seja consumido.

Se temos vida, é por causa da misericórdia de Deus. Se temos proteção, é pela misericórdia. Se temos alimento e sustento, é pela mesma misericórdia. Se contamos com a divina providência para nos guiar, com certeza isso se deve à misericórdia de Deus.

Certa vez, Davi clamou ao Senhor: "Tem misericórdia de mim, e ouve a minha oração!".

Será que ele estava usando essas palavras porque as achava bonitas? É claro que não, porque a misericórdia, com certeza, faz com que Deus ouça as nossas orações. O clamor de Davi consiste em uma declaração clara e coerente de um fato teológico. A misericórdia está envolvida nos gestos mais santos que o homem pode realizar, e esses mesmos gestos são fruto da misericórdia constante da parte de Deus.

O fato de eu estar em pleno uso das capacidades mentais e não estar internado em algum manicômio é em um ato da misericórdia de Deus. O fato de eu estar livre e não me encontrar em nenhuma prisão também se deve à misericórdia de Deus. Enfim, o fato de eu estar vivo nesta terra é fruto da misericórdia de Deus sobre a minha vida — e também sobre a sua!

Ela é realidade para todos, judeus, gentios ou muçulmanos, creiam nela ou não. Devemos dar graças a Deus por ter conhecimento e alguma compreensão desse mar imenso da misericórdia de Deus.

No início de sua primeira epístola, o apóstolo Pedro bendisse a Deus, o Pai de nosso Senhor Jesus Cristo, por causa da sua misericórdia abundante por todos que creem e foram regenerados.

Agora, antes de estudarmos o adjetivo *abundante*, gostaria de indicar que, quando Pedro apresentou essa doxologia, ele não estava simplesmente atendendo a um "capricho teológico".

A vida guiada pelo Espírito Santo nada mais é que uma vida clara, lógica e racional. Existem razões particularmente profundas para que Pedro diga: "Bendito seja o Senhor!". Ele bendisse a Deus porque Ele nos regenerou e porque foi por causa de sua misericórdia abundante que Ele realizou essa obra, e é por causa dela que podemos ter uma viva esperança, que está longe de ser uma expectativa morta.

Quero indicar que a vida cristã guiada pelo Espírito Santo não está sujeita a caprichos e impulsos, e ainda existem cristãos que sentem que não podem ser espirituais sem serem instáveis e que quanto mais impulsiva a pessoa for, mas espiritual será.

Há alguns anos, havia um popular evangelista de cura que se gabava de estar tão ocupado correndo de um lado para o outro que não conseguia planejar nada direito. Por isso, ele tropeçava nas reuniões e se atrapalhava. Consequentemente, era conhecido como "um homem de lua". Ninguém sabia se o culto começaria com um hino, com a oferta ou com a pregação.

Tenho reservas quanto a "pessoas de lua". Pode ser questão de temperamento, mas também um disfarce para a preguiça, um planejamento deficiente ou a falta de reflexão. Sinto que esses homens que dependem dos caprichos do momento e dos sentimentos impulsivos não são bons para a igreja de Cristo, nem teriam qualificação para trabalhar para a Ford ou a General Motors.

A razão pela qual digo tudo isso é que quero destacar como os apóstolos eram guiados pelo Espírito Santo. Eles não eram conhecidos por serem pessoas de ânimo precipitado ou impulsivo, mudando constantemente suas decisões e avaliações. Por serem guiados pelo Espírito de Deus, sempre queriam fazer o que Deus queria. Por causa disso, as coisas que Deus queria que fizessem sempre pareciam se encaixar perfeitamente no esquema geral da redenção e da vontade de Deus no Novo Testamento.

Isso me permite dizer que Pedro não era muito útil para Deus antes de superar seu comportamento caprichoso, temperamental e impulsivo. Embora ele continuasse sendo temperamental, repreendendo o Senhor da Glória por esse ou aquele motivo, ele quase não podia ser usado pelo Senhor. Podia praticamente ser considerado uma perda total.

Quando, no entanto, Pedro foi cheio do Espírito Santo e recebeu uma visão de Deus e começou a sofrer em nome de Jesus, ele foi quebrantado e se tornou o grande apóstolo que foi somente superado por Paulo no Novo Testamento. Mas Deus teve que remover essas mudanças repentinas de Pedro e estabilizá-lo na posição em que ele poderia trabalhar para o Senhor de forma eficiente e frutífera.

Existe, portanto, uma resposta clara para aqueles que sentem que se não agirem de forma extravagante não são espirituais, e se o que fazem não for fruto de algum capricho não pode ter vindo do Espírito Santo. A resposta é esta — sempre encontramos uma associação clara e lógica entre tudo o que os apóstolos disseram no Novo Testamento e suas razões para dizer essas coisas. Isso sempre corresponde aos fatos.

Isso deve ser assim em nossas igrejas. Não devemos ser vítimas do capricho, do tempo, da nossa condição de saúde ou da vontade que temos ou não de orar.

Precisamos nos reunir como crentes, esteja o tempo bom ou ruim. Temos que orar e nos aproximar do Senhor quando temos vontade ou não. Ao ler a carta de Pedro para os cristãos primitivos, percebemos que eles viviam para Jesus sem se importar com as circunstâncias ou com o seu estado de ânimo.

Na verdade, existem muito poucos cristãos entre nós que podem testificar que o seu ânimo espiritual sempre se mantém em um nível alto e constante.

Um irmão na fé me confessou em segredo: "Irmão Tozer, creio que sou um homem cheio do Espírito Santo. Até onde sei, toda a minha vida está no altar. Mas eu preciso de um conselho e de uma ajuda a respeito da minha fraqueza — nem sempre tenho o mesmo ânimo emocional e espiritual. Às vezes estou animado, e às vezes nem tanto. O que posso fazer quanto a isso?".

Fui forçado a responder com franqueza: "Eu mesmo queria que você me respondesse, porque não tenho a mínima ideia sobre como resolver isso. Não conheço nenhum cristão verdadeiramente honesto que possa se levantar e dizer: 'Vivo em um alto nível constante. Voo sempre em uma altitude de dez mil metros!'".

Se alguém entre vocês puder dizer honestamente que nunca teve momentos de desânimo em sua experiência cristã, você é abençoado e eu o honro.

Irmãos, não vemos nenhuma necessidade de uma experiencia cristã de altos e baixos. Quero dizer que somos homens e mulheres que vivemos de acordo com a lógica sublime da verdade espiritual, não de acordo com o nosso ânimo ou com o nosso sentimento.

Alguns dos pais antigos na fé falaram sobre um "estado de espírito" — pode ser tenham escrito em seu diário algum dia: "Estava com bom estado de espírito nesta manhã". Ou em outro dia escrevessem: "Meu estado de espírito não estava muito bom de manhã. Eu me senti bem deprimido". Nada mudou, exceto seu "estado de espírito". Dizemos isso de forma um pouco diferente, porque dizemos "estado mental". O hinógrafo, na verdade, estava querendo dizer: "Tenho ousadia de não depender de um estado mental mais positivo, mas confiar completamente no nome de Jesus".

Como vocês podem perceber, irmãos, eu e você vivemos para Deus segundo uma lógica santa e sublime, e não de acordo com estados mentais ou de ânimo que se alternam e mudam. Amém!

Algumas pessoas não gostariam que eu me expressasse desta forma; elas chamariam isso de uma doutrina nada espiritual.

Elas dizem: "Você tem que ser abençoado o tempo todo. Feliz! Feliz! Feliz!".

Mas se elas parassem com seus contos de fada e contassem a verdade, admitiriam que há dias em que não estão tão "felizes, felizes" como no dia anterior. O grande tratamento para todos nós é nos lembrarmos da graça abundante de Deus, lermos a Palavra de Deus e orarmos, cantar um louvor e usar os meios da graça, e acabaremos ficando satisfeitos no Senhor como se deve.

Tudo que Ele está fazendo, portanto, é de acordo com a sua misericórdia, com sua misericórdia abundante.

A palavra *abundante* vem de uma palavra grega que significa bem grande, imensa, o número maior possível. Significa "muito" — pode significar todas essas coisas. "De acordo com suas misericórdias do maior número possível, de suas imensas, bem grandes e muitas misericórdias, Deus nos regenerou".

Essa palavra não é realmente suficiente, porque tudo o que Deus faz é ilimitado. Por ser o Deus infinito, tudo o que se relaciona a Ele é infinito, dando a entender que não há limite em nenhuma direção. Sei que é difícil para que nós entendamos isso.

Eu me lembro de ter pregado um sermão sobre "A infinitude de Deus" e recordo que somente um homem falou comigo sobre isso e me disse que havia entendido o sentido do meu sermão. Até onde sei, todas as pessoas o desprezaram. Mas temos que reconhecer que este conceito é algo que chega a doer em nossa cabeça. Temos que chegar a esse conhecimento de que Deus é infinito, ilimitado, sem barreiras, sem nenhuma placa em algum lugar do universo mostrando o seu limite.

Não precisamos de um adjetivo ampliador quando falamos de Deus, ou do seu amor, ou da sua misericórdia. O Deus todo-poderoso enche o universo e o transcende por causa do seu caráter, que é infinito e ilimitado.

Quando falamos sobre a misericórdia de Deus, não precisamos acrescentar a ela o adjetivo abundante, apesar de fazermos isso com frequência. A razão de usarmos essa palavra é incentivarmos e elevarmos os nossos próprios pensamentos sobre Deus — não é para dar a entender que exista algum limite na sua misericórdia.

Na verdade, quando usamos a expressão "misericórdia de Deus", estamos nos referindo a algo que é tão vasto que a palavra *vasta* nem chega descrevê-la, porque estamos falando sobre algo que não tem limite, que possui seu centro em qualquer lugar e em nenhum lugar se delimita em uma circunferência.

Nossos adjetivos são úteis somente quando falamos sobre as coisas terrenas — quando nos referimos ao grande amor de um homem pela sua família ou falamos em pouca fé, muita fé, mais fé ou um bom nível de fé.

Falamos sobre riqueza ou de algum homem que ajuntou um patrimônio considerável. Outro homem pode representar uma riqueza bem grande e a pessoa que a conquistou é considerada uma pessoa fabulosamente rica. Portanto, podemos considerar níveis maiores ou menores de considerável a fabulosa porque os homens possuem meios de medir o que possuem materialmente falando.

Mas então chegamos a Deus — e não pode haver nenhum ponto de medida, muito menos nenhuma avaliação semelhante. Quando falamos das riquezas de Deus, nós temos que incluir todas as riquezas que existem. Ele não é nem menos rico nem mais rico — Ele simplesmente é rico. O Senhor possui todas as coisas em seu ser.

Pode-se dizer a mesma coisa a respeito da sua misericórdia. Deus não é menos misericordioso nem mais misericordioso — Ele é cheio de misericórdia, porque todo o ser de Deus se reveste dela na plenitude da sua graça ilimitada.

A palavra abundante, portanto, não é utilizada nessa passagem para Deus — ela se encontra ali para nós! Ela é usada para elevar as nossas palavras à consideração da imensidão sem limites da misericórdia de Deus.

Irmãos, tudo isso se resume a uma declaração simples: "As misericórdias de Deus são tão grandes quanto o próprio Deus". Por esse motivo simples, todas as comparações são inúteis. Se você quer saber o quão misericordioso Deus é, descubra o quão grande Ele é e você saberá!

Eu me recordo de uma história real que o reverendo D. C. Kopp, que é missionário na África, nos contou, em uma de suas férias do seu trabalho no Congo. Ele descreveu o ofício de diácono na igreja nacional e contou a respeito de um irmão firme na fé que tinha a função de disciplinar os novos convertidos.

Um dos recém-convertidos tinha demonstrado ser fonte de problemas sérios na igreja porque ele tinha a tendência de desobedecer às regras e fazer coisas que um cristão não deveria fazer.

Depois de tê-lo disciplinado várias vezes, esse diácono atencioso chamou o irmão faltoso novamente e lhe disse com franqueza:

"Ora, meu irmão, você errou contra nós, nos decepcionou, e prejudicou o seu chamado cristão e estamos chegando no limite. Quando começamos a cuidar de você tínhamos uma garrafa de perdão, mas estou aqui para dizer que essa garrafa está quase vazia. Estamos quase desistindo de você!".

O missionário começou a rir desse incidente porque achou que era uma maneira exótica ou pitoresca de informar aquele irmão que ele estava sendo reprovado. Mas, por outro lado, fica bem longe de demonstrar o tratamento de Deus conosco, porque a garrafa do perdão de Deus não possui nem boca, muito menos fundo.

Deus nunca disse a nenhum ser humano que a garrafa da sua misericórdia estava quase vazia.

Sejamos gratos a Deus porque a sua misericórdia não se limita a uma garrafa. A misericórdia de Deus equivale ao modo pelo qual Ele age com as pessoas — portanto, podemos dizer que ela é abundante.

Então, como que uma pessoa realmente alcança a consciência deste grande mar da misericórdia de Deus?

Quando pela fé damos entrada ao reino de Deus, nós a reconhecemos e a identificamos, e a misericórdia de Deus se torna tão doce e abençoada porque tudo se faz novo. É por sua misericórdia abundante que somos regenerados, mas é esse rio caudaloso de Deus que guardou e preservou o pecador anteriormente, mesmo durante 50 ou 60 anos de presunção e rebelião.

Meu pai tinha 60 anos de idade quando se ajoelhou diante de Jesus Cristo e nasceu de novo. Em toda uma vida de sessenta anos, ele tinha pecado, mentido e amaldiçoado. Mas, quando ele deu o seu coração ao Senhor Jesus Cristo e se converteu, a misericórdia de Deus que o salvou e o levou para o céu não era maior do que a misericórdia que o guardou e o suportou durante 60 longos anos.

Existe uma história antiga que se encaixa perfeitamente no que digo. Ela diz respeito a um rabino que viveu há alguns séculos que consentiu em levar um viajante cansado para sua casa para uma noite de descanso.

Depois de eles terem feito uma refeição, o rabino disse: "Você é uma pessoa bem idosa, não é?".

O viajante respondeu: "Sim, tenho quase cem anos".

No meio da conversa, o rabino tocou no assunto da religião e perguntou o visitante sobre a sua fé e seu relacionamento com Deus.

Aquele ancião disse: "Ah, eu não acredito em Deus. Eu sou ateu".

O rabino ficou muito irritado. Ele se levantou, abriu a porta e mandou que o homem se retirasse.

Ele pensou: "Não posso deixar que um ateu passe a noite em minha casa".

O homem velho e cansado não disse nada, mas se encaminhou para a porta mancando e sumiu na escuridão. O rabino se sentou novamente ao lado de sua vela e do seu Antigo Testamento, quando pareceu ter ouvido uma voz dizendo: "Filho, porque você expulsou aquele homem?".

"Eu o mandei embora porque ele é ateu e não aguentaria passar uma noite com ele".

Mas então a voz de Deus disse: "Filho, eu o suporto por quase cem anos e você não consegue ficar com ele por uma noite?".

O rabino pulou da cadeira, correu para a escuridão e, quando alcançou aquele senhor, trouxe-o de volta para casa e depois o tratou como um irmão que não via há muito tempo.

Foi a misericórdia de Deus que cuidou deste ateu por praticamente cem anos. Foi a misericórdia de Deus que suportou meu pai como pecador por sessenta anos. Foi ela que que me aguentou nos meus primeiros 17 anos de vida e me guardou por todos esses anos. A Bíblia declara de forma cristalina que Deus trata a todos nós com misericórdia e Ele nunca a deixa de lado, porque Davi testemunhou que "O SENHOR é bom para todos, e as suas ternas misericórdias permeiam todas as suas obras".

Toda ideia que as pessoas tiverem que Deus age de acordo com uma de suas facetas um dia e de acordo com outra faceta em outro dia está completamente equivocada. Volto a dizer — Deus nunca viola nenhum dos atributos de sua natureza ao lidar com o homem.

Quando Deus enviou Judas Iscariotes para o inferno, Ele não violou a misericórdia, e, quando Ele perdoou Pedro, Ele não violou a sua justiça. Tudo o que Deus faz está completamente amparado por todos os seus atributos infinitos. É por isso que o pecador pode viver por cem anos e pecar contra Deus por todos os momentos da sua vida e ainda ser alvo da misericórdia de Deus. Ele ainda flutua nesse mar de misericórdia, e é por causa dela que ele não é consumido.

Sabemos, no entanto, meus irmãos, que haverá um dia em que o pecador sairá dessa esfera em que a misericórdia de Deus o protege. Ele ouvirá uma voz dizendo: "Afastai-vos de mim, vós que praticais a iniquidade, porque nunca vos conheci". O inferno será a habitação reservada de forma justa para aqueles que recusam a misericórdia redentora, mesmo havendo uma misericórdia providencial em ação em favor deles por toda sua vida.

Nós, cristãos, devemos perceber também que não podemos entrar pela porta da misericórdia e depois esperarmos ter uma vida longe dessa porta. Estamos na própria sala da misericórdia, e o santuário é um santuário de misericórdia. Não podemos cultivar a nossa própria justiça e imaginarmos que temos uma vida tão maravilhosa e que Deus nos abençoa porque somos bons. Não existe nada mais longe da verdade do que isso!

Deus nos abençoa por causa da sua misericórdia abundante, a misericórdia que Ele nos concedeu, e não por causa de nenhuma bondade nossa. Acredito que nem o céu nos deixará esquecer que somos alvo da bondade de Deus e, por causa disso, não acredito que eu e você teremos a permissão de nos esquecer do Calvário.

Outra coisa a dizer quanto a isso é que, embora Deus queira que seu povo seja santo como Ele é santo, Ele não nos trata de acordo com o grau da nossa santidade, mas de acordo com a abundância da sua misericórdia. A honestidade exige que nós reconheçamos isso.

Nós realmente acreditamos na justiça e no juízo. Cremos que a única razão pela qual a misericórdia triunfa sobre o juízo é que Deus, por um ato redentor onisciente, a estabeleceu, de modo que o homem pudesse escapar do juízo e viver no mar de misericórdia. O homem justificado, que crê em Jesus Cristo, que nasceu de novo e agora é um filho de Deus redimido, vive sempre debaixo dessa misericórdia.

No entanto, o homem injusto — o pecador impenitente — também vive sob ela, mas em menor grau, mas o tempo virá no qual ele passará pelo juízo de Deus. Embora ele tenha sido conservado da morte, da insanidade e da doença pela misericórdia de Deus, ele pode violar essa misericórdia, dar as costas a ela e caminhar para o juízo. Mas então já será muito tarde!

Vamos orar com humildade e arrependimento, porque estamos de pé por causa da misericórdia de Deus. Ouvi falar de um homem que aprendeu os Dez Mandamentos, portanto quando ele orava, dizia o seguinte: "Ora, Deus, reconheço que desobedeci ao primeiro, ao terceiro, ao quarto e ao sétimo mandamento, mas lembre-se, Pai, que guardei o segundo, o quinto, o sexto e o décimo!".

Que exercício insensato — que nos apresentemos diante de Deus e tentemos barganhar com Ele e proclamar nossa bondade como vendedores! Que exemplo temos diante de nós por meio da vida e da fé do santo puritano da antiguidade, Thomas Hooker, quando estava em seu leito de morte.

Aqueles que estavam à beira da cama diziam: "Irmão Hooker, você vai receber a sua recompensa!"

Ele respondeu como em um último suspiro: "Não, não! Eu estou indo para receber misericórdia!"

Que exemplo para nós, porque o irmão Hooker tinha uma grande reputação como santo no Corpo de Cristo, mas não partiu dessa vida buscando alguma recompensa, mas ainda buscava a misericórdia de Deus!

Permitam-me dizer que se vocês têm olhado para si mesmos, olhem para o Senhor de misericórdia abundante. Tentar nos consertar ou nos endireitar não adiantará de nada — é preciso virmos como estamos.

Certa vez, Paul Rader contou a respeito do artista que tinha uma ideia para uma pintura impactante, retratando a situação triste de um andarilho, um homem de rua desafortunado.

Ele foi para a área miserável da cidade e encontrou exatamente o que queria — um homem sujo, desgrenhado, detonado ao extremo, vestido de trapos, completamente à vontade entre os elementos mais desonrosos da cidade.

O artista lhe disse: "Se você vier para o meu estúdio amanhã de manhã, eu lhe dou algum dinheiro".

O rosto do morador de rua se encheu de brilho e seus olhos ganharam vida, e ele disse: "Você está me dizendo que vai me retratar em uma pintura?"

Ele respondeu: "Claro, quero retratá-lo em um quadro e vou lhe dar cinquenta dólares agora mesmo. Simplesmente apareça em minha casa amanhã de manhã, e eu lhe digo o que fazer".

Mas quando a campainha da casa desse artista tocou na manhã seguinte, o pintor mal conseguia reconhecer o homem que estava ali. Ele estava de barba feita, vestia uma camisa branca e sua calça parecia ter sido passada.

Ele disse com orgulho: "Não estava a fim de vir a sua casa tão bonita com a aparência de um mendigo, então gastei o dinheiro que você me deu para me limpar e me ajeitar".

Ao que o pintor retrucou: "Mas não dá para você ser meu modelo para o quadro que estou imaginando. Pensei que você viria do modo que eu o encontrei na rua".

Jesus contou uma história a respeito de dois homens que subiram ao templo para orar.

Um deles disse: "Deus, olha só! Estou todo arrumado — gostou do meu penteado?".

O outro disse: "Deus, acabei de vir de debaixo da ponte. Tem misericórdia de mim!". Deus perdoou o morador de rua, mas despediu aquela outra pessoa endurecida e impenitente sem perdoá-la.

Nós nos aproximamos dele da maneira que somos, mas humildemente arrependidos, porque quando o espírito humano se aproxima de Deus achando que é melhor e mais aceitável do que os outros, ele automaticamente se afasta da presença de Deus. Mas quando ele se aproxima de Deus sabendo que tudo o que receber será por misericórdia, então o arrependimento cumpriu seu verdadeiro propósito. Deus promete perdoar e abençoar essa pessoa, acolhê-lo em seu coração e ensiná-lo que toda a bondade de Deus se deve à sua misericórdia. O que mais o pecador pode querer?

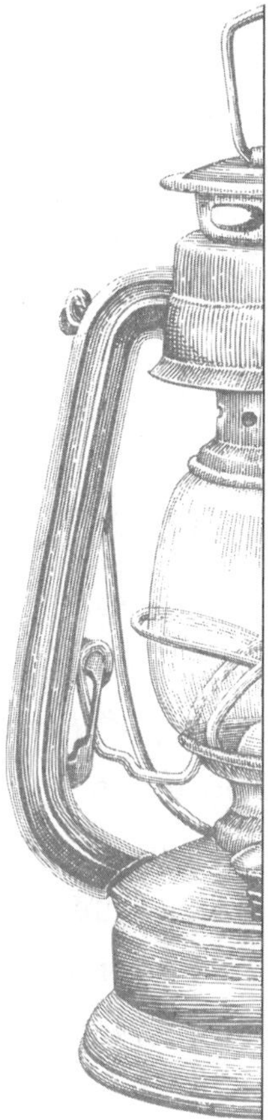

5

Uma exortação diária: *sede santos!*

> [...] segundo é santo aquele que
> vos chamou, tornai-vos santos
> também vós mesmos em todo
> o vosso procedimento, porque
> escrito está: Sede santos, porque
> eu sou santo.
> 1Pedro 1:15, 16

NÃO DÁ PARA ESTUDAR A Bíblia de forma dedicada e honesta sem ser impactado por um fato óbvio — toda essa questão a respeito da santidade pessoal é altamente importante para Deus!

Nem é necessário um longo estudo sobre as atitudes dos cristãos modernos para perceber que, geralmente, consideramos a expressão da verdadeira santidade cristã apenas uma questão de escolha pessoal: "Eu examinei e pensei a respeito, mas não concordo".

Sempre gostei mais da palavra *exortar* do que *ordenar*, portanto quero lembrar vocês que Pedro deu a todos os cristãos uma exortação poderosa a uma vida e a um comportamento santo. Ele baseia claramente essa exortação em dois fatos grandiosos — o primeiro é o caráter de Deus e o segundo é a instrução do Todo-poderoso.

Seu argumento é expresso de forma tão simples que, se nós o sofisticarmos, podemos tropeçar sobre ele: os filhos de Deus devem ser santos porque o próprio Deus é santo. Com essa simplicidade, parece fácil ignorar o fato de que Pedro era um apóstolo e que ele, nesse contexto, está nos confrontando com a força de um mandamento apostólico, alinhado completamente com a verdade do Antigo Testamento a respeito da pessoa e do caráter de Deus e com o que o Senhor Jesus tinha ensinado e revelado por meio de seus discípulos e seguidores.

Pessoalmente, sou da opinião que nós que afirmamos ser cristãos apostólicos não possuímos o privilégio de ignorar esses mandamentos apostólicos. Não quero dizer que um pastor possa proibir ou que a igreja possa obrigar as pessoas a fazer isso. Só quero expressar que, moralmente, não podemos nos dar ao luxo de ignorar este mandamento: "Sede santos".

Devido ao fato de ser uma palavra apostólica, é imperativo que enfrentemos o fato de que temos de lidar com isso de alguma forma, e não como alguns cristãos fazem.

Com certeza, ninguém nos deu nenhum direito de escolha quanto a isso. Ninguém nos deu o direito ou o privilégio de olhar para a Bíblia e dizer o seguinte: "Até estou disposto a examinar esta questão: se gostar disso, eu compro" — usando a linguagem atual.

Há algo fundamentalmente errado com o nosso cristianismo e com a nossa espiritualidade se pudermos presumir de forma descuidada que, se não gostarmos de uma doutrina bíblica e escolhermos não a "comprar", não sofreremos nenhuma consequência.

Os mandamentos que recebemos de nosso Senhor e dos apóstolos não podem ser desprezados ou ignorados pelos cristãos sérios e comprometidos. Deus nunca nos instruiu que devemos pesar a sua vontade e os seus mandamentos para nós na balança do nosso próprio entendimento e depois decidir o que desejamos fazer a respeito deles.

Um cristão professo pode dizer: "Eu cheguei a um estágio de verdadeira liberdade cristã; essas coisas realmente não se aplicam a mim".

É claro que você pode rejeitar isso! Deus deu a cada um de nós o poder de fazer as nossas próprias escolhas. Não estou dizendo que somos forçados a nos encurvarmos debaixo desse jugo, nem que somos obrigados a adotá-lo para a nossa vida. É verdade que, se nós não quisermos, podemos dar as costas para isso.

O registro do Novo Testamento é claro quanto a isso: muitas pessoas seguiram a Jesus por um tempo e depois se afastaram dele.

Uma vez Jesus disse a seus discípulos: "Se não comerdes a minha carne (que é o meu corpo) e não beberdes o meu sangue, não tendes vida em vós mesmos". Muitos olharam uns para os outros e se afastaram dele.

Jesus se dirigiu àqueles que permaneceram com ele e disse: "Quereis também vós outros retirar-vos?".

Pedro logo deu a resposta que ainda é a minha na atualidade: "Senhor, para quem iremos? Tu tens as palavras da vida eterna".

De fato, essas palavras foram sábias, palavras que vieram do amor e da devoção.

Portanto, não somos forçados a obedecer na vida cristã, mas somos forçados a fazer escolhas relacionadas a muitas áreas da nossa maturidade cristã.

Podemos rejeitar as instruções de Deus — mas para onde iremos nós? Se recusarmos as suas palavras, para qual direção nos conduziremos? Se nos afastarmos da autoridade da Palavra de Deus, a qual autoridade nos submeteremos? O nosso erro é que geralmente recorremos a outro ser humano — um ser humano tão falho como nós.

Sou antiquado com relação à Palavra de Deus e à sua autoridade. Tenho o compromisso de crer que se ignorarmos esse mandamento ou acharmos que ele é optativo, prejudicaremos a nossa alma e traremos para nós um julgamento severo no futuro.

Ora, meus irmãos, tenho dito que a questão da santidade é de extrema importância para Deus. Tive a chance de verificar com meus próprios olhos em uma concordância exaustiva a ponto de constatar que a palavra *santidade* aparece 650 vezes na Bíblia. Não cheguei a contar palavras com significado parecido no meu idioma, como *santificar* e *santificado*, portanto, a contagem poderia dar um salto para quase mil ocorrências se tivesse levado em conta essas palavras com o mesmo sentido.

A palavra *santo* é usada para identificar o caráter dos anjos, a natureza do céu e o caráter de Deus. Está escrito que os anjos são santos e esses anjos que observam o que acontece entre os homens são chamados de vigias e de santos.

Diz-se que o céu e um lugar santo onde nada de impuro pode entrar. O próprio Deus é descrito pelo adjetivo santo — Espírito Santo, Santo Senhor e Santo Senhor Deus todo-poderoso. Essas palavras são usadas para identificar Deus em toda a Bíblia, demonstrando que o adjetivo mais sublime que pode ser atribuído a Deus, o atributo mais alto que pode ser atribuído a Ele é a santidade, e, em um sentido relativo, até mesmo os anjos no céu participam da santidade de Deus.

Observamos também na Bíblia que a ausência de santidade é identificada como razão de não vermos o Todo-poderoso. Tenho a consciência de algumas interpretações distorcidas que têm sido feitas sobre o texto que diz que "sem santificação ninguém verá o Senhor". A minha posição é a seguinte: não descartarei este texto das Escrituras simplesmente porque algumas pessoas o usam de forma equivocada para apoiar suas teorias particulares a respeito da santidade. Essa passagem bíblica tem um significado, e deveria nos incomodar até que o descubramos e como podemos cumprir as suas condições.

Qual é o significado real da palavra *santidade*? Será que se trata de um tipo negativo de piedade do qual muitas pessoas se esquivaram?

É claro que não! A santidade na Bíblia significa integridade moral — uma qualidade positiva da qual realmente fazem parte a bondade, a misericórdia, a pureza, a inculpabilidade moral e a piedade. Ela sempre deve ser pensada de forma positiva e brilhante.

Em todos os lugares em que está escrito que Deus é santo, significa que Deus é gracioso, misericordioso, puro e inculpável em uma intensidade pura. Quando essa palavra é utilizada com relação ao homem, ela não implica em santidade absoluta como acontece em referência a Deus, mas ainda possui a intensidade positiva de uma virtude, não deve ser vista como algo negativo.

É por isso que a verdadeira santidade descrita na Bíblia é positiva — o homem santo é digno de confiança e de aprovação. As pessoas que tentam viver com um padrão negativo de piedade, ou seja, com uma fórmula que foi estampada por outros seres humanos, descobrirão que a sua piedade não se sustenta quando passa por duras provações.

A santidade genuína pode ser posta à prova sem medo. Toda vez que existe uma brecha nesse particular, cria-se a evidência de que ela nunca existiu.

Pessoalmente, tenho sido verdadeiramente influenciado em meu coração pela leitura de testemunhos e comentários de homens humildes que considero que estejam entre as grandes almas da história da igreja cristã.

Aprendi com eles que a palavra e a ideia da santidade, na forma que é utilizada originalmente no hebraico, não tinha, a princípio, toda essa conotação moral. Ela não queria dizer que Deus era acima de tudo puro, porque isso já era subentendido.

A raiz original da palavra *santo* era de algo sobrenatural, de algo estranho e misterioso que gera reverência. Quando consideramos a santidade de Deus, falamos sobre algo celestial, cheio de reverência, misterioso e que inspira temor. Ora, isso é supremo quando se relaciona a Deus, mas também pode ser observado nos homens de Deus e se torna mais profundo quando as pessoas ficam mais parecidas com o Senhor.

Trata-se de um senso de consciência do além, uma qualidade e uma diferença misteriosa que paira sobre algumas pessoas — isso que se define como santidade. Ora, se um homem tiver uma consciência como essa e não for íntegro na sua moralidade, então poderia dizer claramente que ele é uma fraude demoníaca.

Toda vez que Satanás tem algum motivo para ter medo de uma verdade de modo bem profundo, ele produz uma cópia falsificada. Ele tentará colocar essa verdade em um ângulo tão horrível que as próprias pessoas que estão mais dispostas a obedecê-la passarão a ter medo dela. Satanás é muito astuto e bem experimentado na criação de paródias das verdades que ele mais teme, e depois coloca sua paródia como se fosse autêntica e passa a espantar os santos que levam a vida cristã a sério.

Lamento dizer que algumas pessoas que se identificam com um grupo ou movimento que se autoproclama como de santidade permitiram que essa doutrina fosse cristalizada em um padrão que se tornou um obstáculo ao arrependimento, porque essa doutrina tem sido invocada para encobrir a frivolidade, a cobiça, o orgulho e o mundanismo.

Já vi o que isso acaba provocando. Pessoas sérias e honestas afastaram-se completamente da ideia de santidade por causa daqueles que afirmam ser santos e vivem de forma egoísta e presunçosa.

Entretanto, irmãos, ainda estamos debaixo da mesma autoridade do mandamento apostólico. Os homens de Deus nos têm lembrado que Deus, em sua Palavra, nos pede que sejamos homens e mulheres santos de Deus e espera isso de nós, pois somos filhos de Deus, que é santo. A doutrina da santidade pode ter sido ferida, em certos momentos até de forma grave — mas a provisão de Deus pelo seu Espírito Santo puro, gentil e amoroso ainda é a resposta positiva para aqueles que tem fome e sede de uma vida e de um espírito agradáveis a Deus.

Quando um homem bom com essa qualidade especial e essa presença misteriosa possui integridade moral, anda em todos os caminhos santos de Deus e leva por onde vai, sem mesmo saber, a fragrância de um reino que é supremo sobre todos os reinos deste mundo, sou levado a reconhecer essa pessoa como alguém que vem de Deus e que pertence a Ele.

A título de exemplo, lembre-se de que Moisés possuía essas marcas e qualidades quando desceu do monte. Ele havia estado com Deus por 40 dias e 40 noites — e, quando ele voltou, ninguém tinha dúvidas de onde ele tinha vindo. A sua expressão era como um relâmpago e a glória da presença de Deus permanecia sobre ele. Ele tinha aquilo que os homens não conseguem definir nem identificar.

Lamento que essa qualidade misteriosa da presença santa seja bem rara no mundo atual. Os teólogos antigos se referiram a ela como o *numinoso*, o excesso de algo que é mais do que justo, mas que é justo em um sentido digno de respeito e de reverência, maravilhoso e celestial. É como se a pessoa estivesse marcada por um brilho, como o iluminar de um fogo misterioso.

Acabei de comentar que essa qualidade gloriosa quase não tem sido vista na terra ultimamente e acho que a razão é bem óbvia. Fazemos parte de uma geração que reduziu Deus à sua própria caixinha. No contexto da igreja cristã, somos instruídos a "fofocar" o evangelho e "vender" Jesus para as pessoas.

Ainda falamos sobre justiça, mas nos falta essa qualidade brilhante, esse fator numinoso que excede toda e qualquer descrição.

Esse fogo misterioso estava na sarça, como você deve se lembrar do Antigo Testamento. Uma chama pequena não chega a assustar as pessoas, a menos que ela se espalhe a ponto de se tornar incontrolável. Não há como ter medo de um fogo assim, mas percebemos pela leitura que Moisés, ao se prostrar diante de uma sarça em que uma pequena chama ardia, escondeu o seu rosto porque estava com medo! Ele tinha entrado em contato com essa qualidade misteriosa. Ele estava cheio de temor ante essa presença manifesta de Deus! Posteriormente, sozinho no monte e ao soar de uma trombeta, Moisés tremeu e disse: "Estou com muito medo e tremendo!".

Somos continuamente atraídos para aquela Shekinah que estava sobre Israel, porque ela simboliza a santidade da presença de Deus de forma maravilhosa. Havia a coluna de nuvem durante o dia, que se podia ver claramente. Tratava-se de uma nuvem misteriosa que não era feita de vapor de água, que não projetava sombra alguma, misteriosa mesmo!

Quando a luz do dia começava a desaparecer, a nuvem começava a ficar incandescente, e quando se firmava a escuridão, ela brilhava muito como uma coluna de fogo imensa sobre Israel.

Cada tenda losangular no acampamento era totalmente iluminada pela estranha Shekinah que pairava sobre ele. Ninguém tinha acendido aquele fogo, nem mesmo acrescentado nenhum combustível — ninguém o alimentava nem o controlava. Era Deus que se tornava visível e fazia sua presença brilhar sobre Israel.

Consigo imaginar uma mãe conduzindo seu filho pela mão para andar por todo o arraial.

Tenho certeza de que ela se ajoelhava e cochichava o seguinte para aquele menininho: "Quero te mostrar uma coisa incrível".

Provavelmente sua resposta seria: "O que, mamãe?"

Então ela responderia com uma voz bem baixa: "Quero te mostrar Deus — Deus está lá! Nosso líder Moisés viu aquele fogo em uma sarça. Depois ele viu o mesmo fogo no monte. Desde quando saímos do Egito, esse fogo de Deus nos segue e paira sobre nós por todos esses anos".

"Mas mãe, como você sabe que é Deus mesmo?"

"Porque sua presença está nesse fogo, a presença misteriosa de outro mundo".

Esta Shekinah, esta presença, não possuía uma conotação de moralidade — tudo isso já estava subentendido. Mas de fato tinha a conotação e o sentido de reverência e de temor, tudo que era solene e inspirador, diferente, maravilhoso e glorioso — tudo isso estava presente nela, do mesmo modo que no templo.

Depois ela desceu novamente no dia de Pentecostes — esse mesmo fogo foi derramado sobre cada um deles — e pousou sobre os crentes com uma presença invisível. Se houvesse câmeras naquele lugar, não acho que aquelas línguas de fogo poderiam ser fotografadas — mas elas estavam lá. Elas nada mais eram do que a sensação de estar neste elemento santo ou ser cercado por ele, e ele era tão forte que, em Jerusalém, quando os cristãos se reuniam no pórtico de Salomão, as pessoas se afastavam deles como os lobos se afastam de uma fogueira brilhante em um acampamento. Eles até olhavam, mas "ninguém ousava se juntar a eles".

Sabem por quê? Será que havia alguma proibição ou restrição?

Ninguém havia falado para que as pessoas não se aproximassem desse povo de oração, humilde e inofensivo, puro e imaculado. Mas, mesmo assim, elas não chegavam nem perto. Elas não conseguiam correr e invadir aquele lugar. Elas se afastavam do portão de Salomão porque tinham sentido uma qualidade santa, uma presença santa e misteriosa no grupo de crentes.

Posteriormente, quando Paulo escreveu para os cristãos em Corinto para explicar a plenitude misteriosa do Espírito Santo de Deus, ele disse o seguinte: "vós [...] se todos profetizarem, e entrar algum incrédulo ou indouto, é ele por todos convencido e por todos julgado; tornam-se-lhe manifestos os segredos do coração, e, assim, prostrando-se com a face em terra, adorará a Deus, testemunhando que Deus está, de fato, no meio de vós".

Ora, esse tipo de presença emana de Deus, já que toda santidade emana dele.

Se formos as pessoas que desejamos ser em Cristo e pelo seu Espírito, se a totalidade da nossa vida começar com um interior se tornando cada vez mais parecido com Deus e com Cristo, creio que algo dessa qualidade divina e misteriosa estará sobre nós.

Já encontrei alguns santos de Deus que pareciam ter esse brilho santo irradiando deles, mas eles não tomavam conhecimento disso por causa da sua humildade e gentileza de espírito. Não tenho problema nenhum em confessar que minha comunhão com eles tinha mais significado para mim do que todo o ensino que recebi por toda a vida. Não que eu não seja grato a todos os mestres que me ensinaram a Bíblia no passar de todos esses anos, mas eles fizeram muito pouco além de ministrar à minha mente. Os irmãos que conheci que tinham essa qualidade e essa consciência estranha e misteriosa da Pessoa e da Presença de Deus instruíram o meu coração.

Será que nós entendemos que coisa graciosa é poder dizer a respeito de um homem, de algum irmão no Senhor que ele é um "homem de Deus"? Ele não precisa nos dizer isso, mas vive dia após dia de forma quieta e confiante com a percepção dessa presença misteriosa que inspira reverência, a qual desce sobre algumas pessoas, transcendendo toda a retórica do mundo!

Na verdade, tenho medo de todas as línguas eloquentes. Tenho medo do homem que pode sempre abrir sua Bíblia e responder a todas as perguntas — parece que sabe demais! Tenho receio do homem que já pensou em tudo e possui uma dúzia de frases de efeito na ponta da língua, respostas que ele tem pensado com o passar dos anos para resolver todas as questões espirituais. Irmãos, morro de medo disso!

Pedro nos lembra que é o Senhor que disse: "Sede santos como eu sou santo, e porque eu sou santo".

Em primeiro lugar, coloquem em ordem a sua vida moral para que Deus possa fazer dela uma vida santa; depois alinhe sua vida espiritual para que Deus possa repousar sobre você o Espírito Santo — com essa qualidade da maravilha, do misterioso e do divino.

Você não a cultiva e sequer a conhece, mas a santidade existe e é essa qualidade de humildade invadida pela presença de Deus que a igreja dos nossos dias precisa. Ah, que nós possamos desejar o conhecimento e a presença de Deus em nossa vida a cada momento, para que, sem métodos humanos nem esforços cansativos, chegue sobre nós essa capacitação que dá significado ao nosso testemunho! Trata-se de uma fragrância radiante e sugiro que em algumas de nossas igrejas ela pode ser identificada e sentida de forma intensa.

Dito isso, poderia parar e prever que algumas pessoas me dissessem: "Sr. Tozer, não vai me dizer que você é guiado pelos sentimentos!".

Bem, eu não descarto a questão do sentimento e dou minha permissão para que citem minhas palavras sobre isso se acharem que vale a pena.

O sentimento é um órgão do conhecimento e não hesito em dizer isso. É isso mesmo: o sentimento é um órgão do conhecimento.

A título de esclarecimento, peço para que me definam a palavra *amor*.

Não acredito que a palavra amor possa ser definida de fato — pode-se explicá-la, mas não se pode defini-la. Uma pessoa ou grupo de pessoas ou alguma raça que nunca ouviu a respeito da palavra *amor* nunca pode chegar a um entendimento do que é amor, mesmo se pudesse memorizar as definições de todos os dicionários do mundo.

Entretanto, reflita comigo o que acontece com qualquer garoto simples, sardento com orelhas grandes quando se apaixona pela primeira vez e esse sentimento invade todo o seu ser. Em um instante ele sabe mais sobre o amor do que todos os dicionários juntos!

É isso que estou dizendo — o amor só pode ser entendido quando é sentido. Isso também pode ser dito sobre o calor do sol. Se você se limitar a falar sobre isso com alguém que nunca sentiu o calor de um dia quente, ele nunca entenderá o que você quer dizer. Mas leve qualquer homem saudável para o sol e ele logo saberá que está quente. Pode-se saber mais sobre o sol pelo sentimento do que por quaisquer explicações que sejam dadas sobre ele.

Existem, portanto, qualidades de Deus que não têm como ser explicadas para o intelecto e só podem ser conhecidas pelo coração, o nosso ser interior. É por isso que eu digo que acredito no sentimento. Acredito naquilo que os escritores antigos chamavam de afeto religioso — e não vemos tanto disso hoje em dia porque não se dá base para isso. Essa base nada mais é que o arrependimento, a obediência, a separação e a vida santa!

Tenho certeza de que sempre que se coloca essa base, chegamos a uma percepção da presença sobrenatural de Deus e ela passará a ser notada de uma forma maravilhosa e intensamente real.

Às vezes tenho ouvido a seguinte expressão em nossas orações: "Oh, Deus, deixa eu te sentir bem de perto!".

Não acho que ela seja tão extravagante assim — apesar de todas as pessoas que podem assumir uma postura de afastamento e de julgamento com relação a ela.

"Deus, deixa eu te sentir bem perto de mim". Deus ficou bem perto de Moisés na sarça e no monte. Ele ficou bem perto da igreja no dia de Pentecostes e ficou bem perto da igreja de Corinto quando os incrédulos saíram impactados dizendo que "Deus estava no meio deles".

Gostaria de confessar humildemente que precisamos exatamente disso em nossos dias.

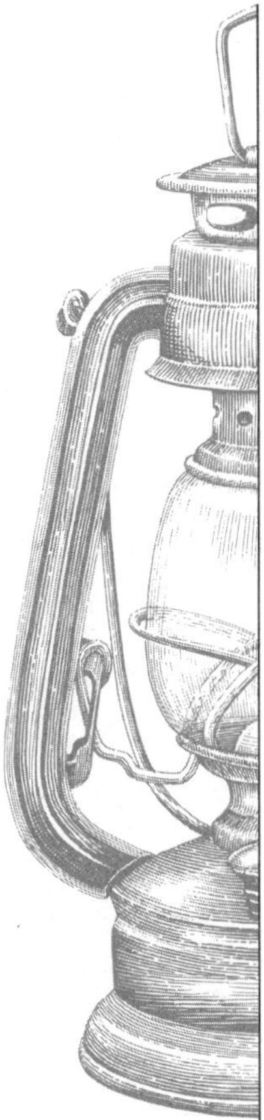

6

Uma herança divina: *favorecidos por Deus!*

Para uma herança incorruptível, sem mácula, imarcescível.

1Pedro 1:4

Sou rico, e Deus me nomeou como um de seus favorecidos!

Faz muito tempo que cheguei à conclusão de que o cristão que dá o valor correto às riquezas verdadeiras da eternidade não terá medo e preocupação quanto a ser lembrado no testamento de algum parente.

Pedro lida com essa questão sobre a realidade dos benefícios divinos, descrevendo a nossa herança futura com as palavras "incorruptível e sem mácula".

Ele indica que aqueles estrangeiros que eram perseguidos e oprimidos na igreja primitiva estavam crendo em Jesus Cristo, haviam sido eleitos e regenerados. Essa eleição e essa regeneração eram os meios que levavam a uma esperança e a uma herança, mas essas coisas não eram um fim em si mesmas.

Todos seríamos cristãos melhores e discípulos mais sábios se nos lembrássemos do seguinte — Deus raramente coloca um ponto final. Pode até usar algo como um ponto e vírgula ou dois pontos. Na maioria dos casos, o que Deus faz passa a ser um meio para algo mais que Ele está planejando fazer.

Portanto, quando Deus escolhe alguém, Ele não indica que esse homem pode se sentar tranquilamente e dizer: "Cheguei!", porque a eleição é apenas um ponto de partida. Será que algum homem que é nascido do Espírito e se tornou crente pode se dar ao luxo de dizer "Cheguei ao fim! Pode colocar o ponto final e escrever 'fim' em minhas experiências"?

Claro que não! Deus nos gera dentro da sua provisão e o que ainda está à nossa frente sempre é maior do que o que já passou. Isso realmente é um fato no que diz respeito à sua provisão por nós na herança divina.

Ora, acho que devemos entender os fatos da maneira adequada. Pedro não estava simplesmente recorrendo a alguma figura de linguagem quando insistiu que a pessoa regenerada, o crente verdadeiro em Cristo realmente é favorecido por Deus. Não se trata de uma expressão, nem de uma frase poética, muito menos de uma referência isolada. Ensina-se abertamente do Gênesis ao Apocalipse que o crente verdadeiro recebe o favorecimento de uma herança. Por Deus ser como Ele é, as suas beneficências e os seus benefícios são infinitos e ilimitados.

Creio que Deus sempre dá um toque de infinitude em tudo que Ele faz, e isso leva ao pensamento de que a herança que recebemos tem que ser igual ao Deus que a concede. Como Ele é Deus, Ele não lida com as coisas que são simplesmente finitas. Portanto, a herança que o filho de Deus recebe é ilimitada e infinita.

Que contraste imenso entre ela e os nossos pequenos presentes, legados e benefícios aqui na terra!

Lembro-me que meu pai costumava apontar alguma fazenda enquanto dirigia pela estrada e comentar o seguinte: "Espero que antes de morrer eu adquira uma propriedade como essa e deixe para vocês". Mas ele acabou não deixando muita coisa. Assinei uma declaração de cessão de direitos de uma pequena propriedade e paguei para que fosse enviada bem rápida.

Nós recebemos benefícios de nossos pais. Eles nos transmitem algumas heranças físicas e mentais. Mas eles não podem nos dar o que não têm, e essas heranças se limitam a esta terra. Até mesmo o homem mais rico da face da terra só pode deixar o que tem — nada além disso. Os milhões chegam até certo ponto e todo espólio tem limite.

Sendo Deus quem Ele é, a herança que recebemos dele é ilimitada — ela envolve todo o universo!

Essa é a razão pela qual nenhum hinógrafo até agora foi capaz de declarar a quantia, ou mesmo o valor exato da provisão eterna de Deus para os seus filhos. Só dá para ter uma ideia. É como catar conchas na praia do oceano imenso que se estende por todas as ilhas, todos os continentes que pertencem a Deus e ao seu povo na redenção. Tudo vem dele!

Nós, seres humanos, devemos nos lembrar de que, quando damos asas à nossa imaginação, podemos ter certeza de que nunca chegaremos à altura da sua provisão, porque a nossa imaginação sempre ficará aquém, perderá a força e será abatida em sua fraqueza até o chão. Em contrapartida, não existe limite para os benefícios do Deus todo-poderoso para os seus redimidos.

Irmãos, todo crente tem direito a receber riquezas para todas as partes do seu ser.

Temos uma natureza física, mental, moral e espiritual — e por que não dizer social. Vivemos em todas essas esferas.

Alguns cristãos não gostam da palavra social porque acham que isso indica ir à igreja e viver naquele quadrado, como seu frequentador. Mas a nossa essência é social. Temos relacionamentos — com os vizinhos, no nosso bairro, no nosso estado, no nosso país e, de maneira mais ampla, em todo o mundo.

Sempre achei que Bernardo de Cluny, que escreveu por volta de 1140 d.C., sabia o que estava falando quando disse:

> Nem sei, nem sei
> Do tamanho da alegria social
> Do nível do brilho da glória
> Dessa alegria sem igual.

Ele sabe que existem alegrias sociais no céu e acho que isso é perfeitamente verdadeiro.

Mas o homem também possui uma vida espiritual, uma vida moral, uma vida mental e uma vida física. Ele também pode possuir facetas ocultas em sua vida que nem recebem classificação porque não nos limitamos a sermos mentais ou físicos em nossa natureza. Nosso ser vai além da moralidade, embora ela deva se relacionar com todo o restante da nossa personalidade.

Além disso, somos mais do que seres espirituais, a despeito do fato de que, se não fôssemos seres espirituais, não seríamos muito melhores do que os outros animais.

O pensamento que quero transmitir é o seguinte: temos direito de receber benefícios infinitos de Deus em todas as esferas do nosso ser. É claro que eu me refiro aos crentes, às promessas que foram feitas às pessoas que foram redimidas. O pecador, que está alienado de Deus, não tem direito moral nem de envelhecer, nem deve dizer nada a respeito da morte, porque quanto mais velho fica, mais se aproxima do túmulo, do juízo e do inferno.

Mas aquele que é remido, crente e filho de Deus pode até ficar doente e envelhecer. Ele até tem direito de morrer, porque Deus lhe providenciou um novo corpo e uma vida mental, moral e espiritual — uma provisão que realmente é insondável.

Eu gosto da palavra *insondável*. É uma palavra excelente! Ela me faz lembrar de que Clarence Darrow achava que estava chegando a conclusões maldosas quando afirmou que os cristãos sempre dizem que algo é "um mistério" quando existe algum aspecto da fé ou da verdade cristã que desafia a toda e qualquer explicação.

Nunca encarei isso como um comentário maldoso. Recebo essas palavras de modo amistoso porque o cristão realmente entra no mistério em todas as direções que a sua vista alcança. A diferença entre o crente e o mundano é que o mundo sempre lida com o mistério classificando-o como ciência ou algo parecido, enquanto somos honestos em dizer que não sabemos do que ele se trata. Admito que não faço ideia de todas as implicações da palavra *insondável*.

Temos uma pista quando falamos a respeito das riquezas insondáveis de Cristo — riquezas que não podem ser contadas, que não podem ser esquadrinhadas de forma completa. Essas riquezas possuem tantas ramificações gloriosas e infinitas que não é possível avaliá-las de forma abrangente.

Trata-se das riquezas insondáveis de Cristo e, devido ao fato de que Deus nada mais é que o Deus Vivo e que o crente possui esse relacionamento de filho com Ele, Deus tem a promessa da herança divina — exatamente essas riquezas que não têm como ser contadas.

Ora, os benefícios que Deus concede são distribuídos de três maneiras, e, se refletir de fato a respeito delas, você receberá uma ajuda imensa quando pensar, orar ou ler a Bíblia.

A primeira é que Deus se ocupa em nos conceder benefícios diretos ou imediatos.

Existem algumas coisas que Deus concede diretamente neste tempo presente enquanto estamos de pé, vivos e conscientes neste vale que alterna entre o choro e o riso.

Por exemplo, Ele concede o perdão. Ele se agrada em perdoar os seus filhos que creem nele.

Ele dá a vida eterna. Não se trata de uma herança a ser recebida em algum dia do futuro; nossa vida nele equivale a uma concessão atual. Trata-se de um dom que obtemos no presente — "tem a vida eterna". O pecador perdoado recebe essa vida no exato momento que crê.

Deus também nos concede o privilégio da filiação: "Amados, agora somos filhos de Deus". Neste relacionamento, existem muitos outros dons que recebemos de Deus — e, se não o possuirmos, é porque não somos filhos de Deus pela fé.

Quem sabe eu também deva falar de inúmeros outros dons. Pedimos a Deus que nos ajude, atenda a alguma necessidade, faça algo por nós, e o Senhor realiza o que pedimos de modo misericordioso. Classifico essas coisas como as menores e mais corriqueiras, apesar de atribuirmos a elas uma grande importância. Mas, na verdade, elas equivalem a coisas passageiras quando são comparadas com os grandes benefícios presentes do perdão, da reinclusão no favor com Deus, da filiação e da vida eterna.

Então, Deus tem um segundo modo de dispensar suas bênçãos, que é concedê-las como recompensa pelo serviço fiel e amável em seu nome. A Bíblia retrata essa verdade — que algumas das riquezas de Deus podem vir em forma de recompensa.

Temos consciência de que tudo pertence a Deus, todas as riquezas e todas as bênçãos, e mesmo que falemos em ganhar alguma recompensa, isso não se trata de uma expressão adequada. Em nenhum sentido teríamos meios de obter os benefícios de Deus.

Na verdade, ao sermos feitos filhos de Deus amáveis e fiéis, estamos satisfazendo uma condição mediante a qual Deus pode conceder bênçãos como recompensas advindas dela. Não dá para se dizer muita coisa além disso.

O próprio Senhor declarou: "Porque foste fiel no pouco; sobre o muito te colocarei". Ele falou sobre suas recompensas juntamente com o seguinte aviso: "Sê fiel até à morte, e dar-te-ei a coroa da vida". Existem coisas que Deus nos concederá como fruto do serviço fiel, que consistem em recompensas futuras, que ainda não serão recebidas.

A terceira maneira da concessão divina acontece por meio de herança. As bênçãos e as riquezas da nossa herança divina também devem ser recebidas no futuro. Não são riquezas que virão até nós por algo que é digno ou superior em nós mesmos, mas por causa do nosso relacionamento pela fé com aquele que é a fonte de todas as bênçãos.

Nesta herança, as riquezas vêm daquele que possui ou é dono de tudo, e as destina para outra pessoa a quem Ele se deleita em honrar e que tem o direito de reivindicar sua herança. Este é um princípio que conhecemos bem nos processos da vara de sucessões — esse é o motivo pelo qual temos testamentos e heranças. Tudo isso tem que passar pelos processos na vara de sucessões e aqueles cujo nome é mencionado no testamento são obrigados a definir sua identidade e seus direitos à herança pelos laços de família.

Ora, volto a dizer que a herança ainda não foi recebida. Um filho pode muito bem não passar de um inútil e de um ingrato e ainda demonstrar que tem direito à herança porque seu pai se agradou em honrá-lo e, pelo simples fato de ele ser seu filho, fazer dele seu único herdeiro. Escreve-se o testamento diante das testemunhas, e ele fica registrado, de maneira que, quando o pai morre, basta se apresentar diante das autoridades adequadas e dar prova de sua identidade e do seu parentesco como filho legítimo. Leva-se em conta o direito resultante de seu parentesco — que não é necessariamente fruto de sua bondade. Portanto, existe uma herança que pertence aos filhos de Deus devido ao fato de eles serem legítimos.

No entanto, quero que observem quantas coisas estão invertidas aqui na terra em contraste com as celestiais.

Entre os homens, a herança é recebida no momento da morte daquele que a concede, o testador. Mas, nas coisas de Deus, a herança é recebida com a morte do legatário, ou seja, a pessoa que herda.

Isso tudo já parece confuso o suficiente sem eu complicar ainda mais, mas tentarei explicar dando outro exemplo.

Imagine que um homem tenha um filho único. Ele faz seu testamento nomeando seu filho como único herdeiro e lhe confiando todo o espólio. Entretanto, enquanto seu pai vive, o herdeiro não dispõe de nada.

Um dia, porém, o pai sofre uma fatalidade e morre.

Depois do período adequado de luto, o filho comparece diante das autoridades da sucessão e prova que ele é a pessoa que deve receber a herança. Ele toma posse do espólio porque seu pai morreu e o testamento torna-se favorável a esse filho.

No Reino de Deus acontece justamente o contrário — tudo é diferente!

O Pai promete e providencia uma herança para os seus filhos, mas essa herança não deve ser entregue por ocasião da morte de Deus, mas quando morre algum de seu filho ou na vinda de Jesus, o que acaba dando no mesmo no que diz respeito à herança.

Paulo tinha conhecimento dessa herança e a aguardava. Ele escreveu sobre o fato de que os crentes são coerdeiros com Cristo. Ele declarou que perceberemos isso com todas as suas consequências quando virmos a Cristo face a face no futuro. Já disse que somente o cristão tem o direito e pode morrer. Mas se nós, os crentes, fôssemos tão espirituais quanto deveríamos, poderíamos encarar a morte de uma forma bem mais agradável e esperançosa do que de costume.

Digo que, se realmente acreditamos na segunda vinda do Salvador, estamos esperando por ela. Tanto o senso comum quanto a perspectiva da história, o testemunho dos santos, a razão e a Bíblia concordam em uníssono que Ele pode vir antes da nossa morte.

Mesmo assim, "aos homens está ordenado morrerem uma só vez" — e o cristão sabe que ele pode morrer antes da vinda do Senhor. Se ele morrer antes, ele tem lucro, porque Paulo disse que "estar com Cristo é incomparavelmente melhor".

Paulo diferenciou a situação do crente que vive nesta terra daquele que foi promovido para a presença de Cristo respectivamente com as expressões "boa" e "muito boa".

Ora, para concluir, o melhor para o cristão ainda está por vir. Deixarei vocês rirem dessa frase porque não tem nada mais clichê do que isso, mas eu garanto que isso está longe de ser algo banal. Em vez disso, trata-se de uma prova de que devemos refletir de forma bem equilibrada sobre o fato de que o futuro de muitos cristãos já passou. O único futuro que eles têm é o seu passado. Eles ficam remexendo as cinzas frias da fogueira do passado que se apagou. Tudo isso fica claro pelos seus testemunhos, pela forma como se vestem, pela expressão do rosto e pelo seu olhar revelador. O que mais delata essa situação é que eles só olham para trás.

Fico bem incomodado quando estou diante de pessoas que só falam a respeito de suas glórias passadas.

Isso mesmo! Dias melhores virão para o cristão! Toda a direção do olhar cristão deve ser para a frente. Paulo nos deu o exemplo nesse particular, porque em sua alma e espírito ele sempre olhava para a frente. Em seus escritos, descobrimos que ele só olhava para trás bem rapidamente, e, quando leio isso, entendo que é perfeitamente adequado dar uma olhada para trás de vez em quando para perceber onde estávamos e nos recordarmos da graça e da bondade de Deus para conosco e para com os nossos irmãos.

Existe uma palavra pequenina do latim — *specto* — que assume formas diferentes e significa ver ou olhar. No nosso idioma, essa pequena palavra pode receber dois prefixos: um deles é *retro*, que significa "para trás", e o outro é *pro,* que significa "para a frente".

Vocês sabiam que a riquezas da sua vida cristã, a sua utilidade e a sua capacidade de dar fruto dependem de qual prefixo você coloca diante dessa palavra? Vocês sempre terão que olhar para algum lado. Mesmo se formos cegos, olharemos para algum lugar para que a alma habite tanto no passado quanto no futuro. Sua alma se volta para alguma direção como cristão, e a Bíblia nos aconselha a olhar firmemente para Jesus, o Autor e Consumador da nossa fé.

Ou somos retrospectivos ou prospectivos em nossa perspectiva e todo o nosso futuro depende em grande parte da direção para a qual olhamos. Com isso, quero dar a entender o nosso futuro aqui na terra ou até mesmo o nosso futuro no mundo vindouro.

Não devemos destacar o olhar "retrospectivo". Vamos nos limitar a falar do passado somente quando necessário. Paulo escreveu: "Esquecendo-me das coisas que para trás ficam [...] prossigo [...]". Ele só precisou olhar para trás algumas vezes quando teve necessidade, mas ele manteve sua posição e apontou para a sua conversão no passado — e isso é legítimo!

Entretanto, o meu conselho é que não fiquemos nessa postura retrospectiva por muito tempo. Para que ganhar de presente um torcicolo de tanto ficar olhando para trás?

Pessoalmente, descobri que Deus cuidará da pessoa que está na minha retaguarda, mesmo que sinta seu fôlego atrás de mim.

A palavra para mim e para você também é *prospecto*. Vejam algo além! Olhem para a frente! Vivam com fé e expectativa porque o futuro do cristão é mais glorioso que o seu passado.

Um simples momento do amanhã do cristão será mais maravilhoso do que todas as glórias que ele já viveu. Matusalém viveu 969 anos na terra e, quando ele morreu e foi estar com Deus, conforme acredito, uma só hora na presença de Deus foi mais maravilhosa para ele do que qualquer parte dos seus 969 anos nesta terra!

Portanto, cristãos, olhemos para a frente! Mas façamos isso com expectativa e esperança porque fomos regenerados para receber uma herança, e essa herança vem de Deus, nosso Pai, e é nossa por causa do nosso relacionamento com Ele pela fé.

Admito que temos os benefícios dos dons atuais e existem coisas que podemos considerar recompensas, mas receberemos nossa herança devido ao fato de que somos filhos de Deus!

Isso significa que temos razões de sobra para nos alegrarmos, crermos, esperarmos, e desejarmos a chegada do dia do Senhor. Porque nem a língua mais eloquente nem a poesia mais agradável podem proporcionar um retrato adequado das glórias que teremos na eternidade por causa de nossa herança, que se deve ao fato de nossa filiação divina e do nosso relacionamento gracioso com Cristo, nosso Salvador!

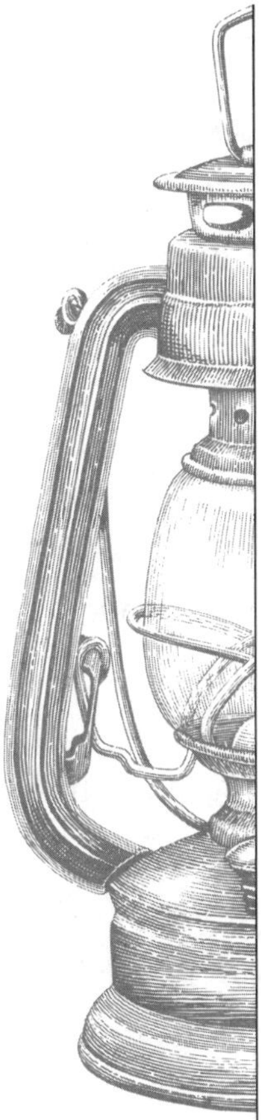

7

Nosso tesouro eterno: *reservado no céu*

[...] uma herança [...] imarcescível, reservada nos céus para vós outros.

1Pedro 1:4

A AÇÃO CORROSIVA DA INCREDULIDADE em nosso tempo desgastou a esperança cristã do céu a tal ponto que parece ter sobrado pouca alegria e poucas expectativas no que diz respeito à herança eterna que Deus prometeu.

Acho que temos direito de nos admiramos com o pensamento de que pouquíssimas pessoas realmente acreditam no céu. Admito que podemos ouvir um caipira tocando uma música no violão sobre o céu que faria alguma pessoa inteligente se afastar da ideia de esse céu existir. Mas, na maioria das vezes, não pensamos muito no céu, muito menos falamos sobre ele.

Dois homens em nossa história tiveram uma grande influência sobre o pensamento geral do homem moderno com relação ao céu e ao universo. Eu me refiro a Copérnico e Einstein.

Antes de Copérnico, os homens eram geocêntricos. Eles consideravam a terra como tudo o que existia e como o centro disso tudo. Esse era o conceito adotado pela maioria dos homens — "Deus fez a terra e a colocou em seu devido lugar, e tudo gira em torno dela. Ela é sólida e fixa. Foi Deus que a fixou e firmou seus alicerces, e nada no mundo pode mudar isso".

Copérnico, no entanto, acabou entrando em cena e, arriscando ser morto por heresia, provou que a terra não está parada e que não está presa a nada. Por causa de suas observações astronômicas, ele afirmou que o sol, e não a terra, era o centro do universo, e que o sol somente parecia estar fixo diante do movimento da terra. Na verdade, o sol se movia em uma órbita mais ampla, que era mais rápida, mas que ia bem mais longe na imensidão extrema do espaço sideral.

Então, esse conhecimento se espalhou dos cientistas para as faculdades, depois para as escolas secundárias e das escolas primárias para as ruas. Agora, todos o conhecem e o aceitam, e sempre surge a pergunta comum: "O que dizer dessa ideia a respeito do céu?".

Houve um dia que o céu estava "logo ali" e as estrelas eram seus olhos mágicos. Era possível olhar para cima e ver um pouco da luz da glória que não se podia ver nem sobre a terra nem sobre o mar.

Mas agora, a ideia de que o céu é um lugar de verdade parece uma piada, porque os homens permitiram que novas ideias e informações sobre o universo agissem como uma soda cáustica corroendo a sua crença nesse lugar.

A segunda pessoa a qual me referi foi Einstein, que surgiu com suas teorias e declarações a respeito da relatividade. Ele não se limitou a levar a terra, mas ele levou o sol e as estrelas e tudo o mais com ele, afirmando que nada realmente é fixo ou estabelecido. Sua teoria diz que nada permanece parado — tudo está em movimento. Uma coisa só existe com relação a outra. Não existe nenhum elemento diante do qual se pode medir outra coisa e concluir: "Trata-se disso ou daquilo outro!". Isso prossegue *ad infinitum*, criando um mundo sem fim, e não existe nada absolutamente fixo de acordo com Einstein.

Não sei quanto a você, mas eu chego a um ponto com as teorias acadêmicas em que sou levado a dizer: "Oh, que meu coração há muito dividido encontre descanso, fixo neste centro de bem-aventurança, descanse!".

Existe um lugar onde nem mesmo Copérnico ou Einstein me perturbam, e sou capaz de descansar na sabedoria e no amor de Deus, que fez todos esses planetas que giram e todos os mundos que estão dentro desses mundos.

Pessoalmente, não vejo razão pela qual a ideia da relatividade e do movimento dos corpos celestes deveria necessariamente destruir ou corroer a fé cristã no céu como um lugar de verdade. Se Deus pôde criar uma terra e colocar uma raça dentro dela, por que ele não poderia igualmente criar outra casa e colocar outra raça redimida dentro dela também?

Talvez isso se deva à minha mente limitada e ao meu intelecto pacífico, mas eu não tenho o problema que algumas pessoas têm no que diz respeito a dar a Deus tanto crédito assim — de que, se Ele podia fazer a terra com uma raça de seres humanos, com certeza poderia fazer outro lugar, chamá-lo de céu e colocar nele uma raça que foi remida. Tudo isso é perfeitamente plausível para mim!

Portanto, Copérnico e Einstein podem descansar com suas loucuras, pois não me incomodarão nem um pouco, mas percebo de fato que eles retiraram a ideia e a realidade do céu da mente de muitas pessoas.

Alguns estão dizendo: "O céu não passa de outra dimensão, vamos parar de pensar sobre ele". Outros ainda dizem que o céu é um estado mental que se relaciona completamente com a vida que temos aqui sobre a terra.

Todo o nosso raciocínio humano que não leva em conta a Palavra de Deus não passa de devaneio da incredulidade. Eu ainda acredito que o Deus que fez a terra e colocou nela os seus habitantes pode fazer do céu a habitação de seu povo remido. Concorda comigo?

Quem sabe em nossas igrejas não tenhamos ensinado de forma adequada a respeito das qualidades da herança divina que aguardam os filhos de Deus. Vamos observar agora três palavras que Pedro usou para explicar as qualidades da nossa herança eterna, e observe que elas se constituem exatamente nas qualidades que diferenciam a nossa herança de qualquer coisa na terra.

Essas são as palavras que ele usa: *incorruptível, imaculada* e *imarcescível*. Essas são as qualidades inerentes do nosso legado celestial. Elas fazem parte dele e o explicam. Elas não o definem, mas consistem nas qualidades que pertencem à nossa herança celestial mediante Jesus Cristo, nosso Senhor.

Acho que temos que chegar a este ponto em nossa fé a respeito dos grandes planos futuros de Deus para os seus filhos: crer que as coisas de Deus e do céu não se limitam a ser uma projeção superior da nossa imaginação do melhor que temos ou podemos conhecer ou imaginar neste mundo. Na verdade, elas se opõem às coisas da terra por causa das suas qualidades celestiais — elas são incorruptíveis, imaculadas e imarcescíveis!

De acordo com seu significado na língua grega, a palavra *incorruptível* que estamos estudando expressa a qualidade de não se deteriorar na essência e ser infinito em anos. Aquilo que não se pode corromper mantém sempre sua integridade e suponho que, só como consequência disso, se constitui em algo infindável.

Gostaria de lhe perguntar se existe algo nesta terra que pode ser descrito de forma precisa e adequada como incorruptível, que não se desgasta em sua essência e possui caráter eterno?

O nosso Senhor Jesus disse: "Não acumuleis para vós outros tesouros sobre a terra, onde a traça e a ferrugem corroem e onde ladrões escavam e roubam". Ora, não foi uma pessoa cínica nem derrotista que disse tudo isso.

Eu sei que os cristãos são acusados frequentemente de serem derrotistas. Os psicólogos lhe dirão que o negro no sul canta de forma tão linda sobre o céu e sobre as ruas de ouro porque ele só possui um casebre de madeira. Portanto, na sua mente, ele está tentando criar para si mesmo o que o seu senhor possuía em seus dias de escravo, e sua ideia de céu equivale a isso.

De modo parecido, eles nos dizem agora que o céu é o sonho daqueles que são derrotados e infelizes — o sonho de uma terra bem feliz onde ninguém precisa enxugar lágrima nenhuma.

Bem, isso explicaria tudo, o único probleminha é que isso não é verdade. O Senhor Jesus Cristo estava longe de ser um derrotista. Ele não tinha a doença da qual as pessoas diziam que Lincoln sofria. Devido ao fato de ele ter tido compaixão pelas pessoas, os especialistas deduzem que ele possuía uma "deficiência glandular".

Nosso Senhor Jesus Cristo não tinha essa deficiência e, com certeza, não era nenhum derrotista. Por outro lado, com certeza Ele não era nenhum otimista abobalhado, nem era detentor de um pessimismo sombrio e depressivo que caracterizou muitos pensadores deste mundo.

Jesus via tudo de forma clara e com bases verdadeiras. Se existiu algum homem em todo o mundo que conquistou o direito de ser chamado de realista, esse homem era Jesus.

Tudo era real para Ele. Ele nunca apagou nenhum aspecto de uma coisa para dar destaque à outra. Ele via tudo exatamente como era e descrevia e falava de tudo com a mesma exatidão.

Jesus Cristo era o realista mais perfeito do mundo porque Ele mesmo era a Verdade!

Portanto, Ele nem estava sonhando com nenhum céu que nunca tinha visto, nem estava projetando a sua imaginação para fora dos sofrimentos e das mazelas do mundo rumo a algum céu amável, alguma mansão que estivesse sendo preparada para Ele.

Ele falava das coisas como elas eram e como elas seriam encontradas. Ele falou de todos os tesouros do homem e alertou que a traça e a ferrugem os consumiriam. Ele disse que a corrupção consiste em uma realidade terrestre e que é inútil para o homem colocar a sua confiança na vaidade das coisas corruptíveis que ele venha a possuir.

Ah, como o Diabo é trapaceiro! Como ele é um impostor de mão cheia! Penso nas astúcias do Diabo quando penso sobre os impostores espertalhões que venderam a ponte do Brooklyn para os pobres, sorrindo enquanto levavam o pouco dinheiro que eles tinham, só deixando que eles descobrissem muito tempo depois que essa ponte nunca esteve à venda.

Volto a dizer que o Diabo é um mentiroso e um enganador. Ele se ocupa em levar as pessoas a passar os melhores anos de sua vida ajuntando tesouros para si mesmos, que enferrujam, apodrecem e se desfazem antes mesmo de eles morrerem.

A palavra *incorruptível* não pode ser aplicada a algo terreno. Não há nada de que temos conhecimento que é incapaz de se desfazer em sua essência e que persiste com o passar dos anos. Entretanto, existe uma herança que o realista Jesus Cristo do céu veio conceder a seus santos que creem.

Tudo isso nos leva à ressurreição. O termo *incorruptível*, usado para revelar uma das qualidades da nossa herança, é a mesma palavra que exprime o estado dos mortos que ressuscitarão na vinda de Jesus Cristo.

Em um de nossos grandes hinos cristãos, os cantores declaram com grande sentimento: "Os mortos ressuscitarão incorruptíveis!". Pedro usou para descrever a herança celestial dos santos a mesma palavra que descreve o corpo humano glorificado.

Ela não pode se desgastar, nem se corromper.

Considerando minha natureza humana, consigo refletir sobre o que Jó disse no Antigo Testamento a respeito do que aguarda o homem. Cansado e doente, ele disse que sabia que os vermes devorariam o seu corpo. Apesar do fato de gostar de passar a vida pensando em coisas mais agradáveis, tenho a consciência suficiente de que as forças e os elementos que devorarão o nosso corpo no túmulo já estão em ação em nosso corpo físico.

Entretanto, o próprio Deus prometeu que haverá um dia que esses vermes deixarão de existir. Deus os afastará e dirá: "Parem de assolá-lo! Deixem-no em paz para sempre!". A Bíblia diz que os filhos de Deus ressuscitarão com um corpo incorruptível.

Estou dizendo isso mesmo: incorruptível — sem corrupção e íntegro no passar dos anos! É por isso que disse que essa qualidade que descreve a nossa herança celestial é exatamente a qualidade que nos distingue de todas as coisas da terra.

Pedro usa a palavra *imaculada* como a segunda qualidade da nossa herança.

A pergunta que devemos fazer a nós mesmos é a seguinte: Que tesouro terreno que temos está livre de impurezas?

A Bíblia não diz muita coisa boa a respeito do dinheiro e das posses terrenas, e é bem franca em suas expressões contra ajuntar tesouros.

Ela menciona a ganância como algo que descreve o dinheiro, o lucro, e o ganho terreno, e depois coloca um adjetivo que a descreve como "torpe".

O apóstolo Paulo, que não era nenhum derrotista nem tinha a compulsão de racionalizar sua pobreza, desistiu de sua posição importante para ser seguidor de Jesus Cristo. Ele escreveu que o amor ao dinheiro é raiz de todos os males. Ele não isolou o dinheiro propriamente dito, mas falou a respeito da condição do coração humano que coloca sua cobiça, seu egoísmo e seu amor ao dinheiro acima de tudo. Devemos observar também que Paulo não afirmou que todo o mal vem do amor ao dinheiro, mas disse que o amor ao dinheiro é uma das raízes de todos os males.

Ora, o dinheiro e, por fim, todas as outras coisas que temos neste mundo, são impuras e foram corrompidas. O homem santo de Deus pode possuir alguns bens materiais, mas esses bens raramente chegam a ele sem estarem corrompidos de alguma forma.

Você pode ter uma nota de dez dobrada na sua carteira que você deseja doar para a obra missionária. Sempre existe a possibilidade dessa nota ter participado de um maço delas que foi pago para alguém cometer um assassinato. Ou, ela poderia facilmente fazer parte de um saco de dinheiro usado em uma casa de jogo ou em algum bordel escandaloso.

Sempre tive a impressão de que até mesmo o cheiro do dinheiro que trocamos indica onde ele esteve. Ele tem o seu aroma próprio — como se fosse possível descobrir sua história de crime, violência e imoralidade.

Irmãos, nós nos mantemos puros em meio à impureza humana porque conhecemos o poder purificador do sangue de Cristo, nosso Salvador! Não é moralmente errado para nós ter dinheiro para atender às nossas necessidades, mas devemos guardar nossos próprios espíritos contra a corrupção por termos sido lavados no sangue de Jesus.

Existe um elemento de impureza em tudo neste mundo perdido. O próprio terreno onde a sua casa se encontra no momento já pertenceu a uma tribo indígena, e a história é bem clara em relatar a história triste que aconteceu. O homem branco veio e sem nenhum pagamento em espécie expulsou o índio para o mar ocidental. Nós o colocamos em pequenas reservas cheias de piolhos e jogamos para eles todo ano uma ninharia para desencargo de consciência!

Por outro lado, os historiadores e os antropólogos também nos dizem que os índios que nós maltratamos e espantamos tinham invadido a terra em uma época anterior, tirando-a de uma raça que os precedeu.

A mesma situação acontece em outras partes do mundo. Observe o mapa da Europa e você perceberá como os homens têm insistido e lutado pelas suas fronteiras, que são tão flexíveis e mutáveis.

Há muito tempo, dei de braços, totalmente perplexo, e disse: "Nunca conseguirei descobrir qual é a nação que domina aquela região". Se nos distanciarmos o suficiente na história, descobriremos que aqueles que a conquistaram a tomaram por alguma invasão, ou algum massacre, ou por assassinato. Então eles tinham o usufruto, esquecendo que conquistaram essa terra de seus proprietários tendo o derramamento de sangue de seu povo como único pagamento.

Portanto, quase tudo que tocamos nesta vida está contaminado. A injustiça e a opressão estão presentes em toda a parte. Vocês sabem o que penso sobre as origens demoníacas do comunismo e de seus partidários ímpios que são motivadas pelo próprio inferno, que criticam a nossa fé, os nossos ideais e o nosso estilo de vida. Mas é a impureza humana de cada uma de nossas mãos que concede ao comunista suas armas — porque nem tudo o que ele diz sobre nós é mentira.

Sinto de perto as dores das injustiças na nossa sociedade. Sabe o que eu penso quando eu passo de carro pelas mansões brilhantes e dos hotéis monumentais à margem do lago?

Eu penso sobre as mulheres idosas pobres e cansadas com seu sabão, seus baldes e seus esfregões. Pessoas cansadas, geralmente vencidas e desiludidas — que dão graças a Deus pelo pequeno salário por uma noite de trabalho desconfortável.

Passe de carro pelo litoral da Flórida e observe aqueles iates graciosos flutuando no píer. A nossa tendência natural é pensar: "Deve ser fantástico passear em um desses!".

Mas se você soubesse quanta iniquidade foi praticada dentro de uma dessas embarcações, você nunca desejaria uma delas!

Certa vez, Emerson disse o seguinte a um homem que queria ser político: "Jovem, quer ser presidente? Quer ir para a Casa Branca? Ah, se você soubesse o quanto de honra aquele homem teve que vender para chegar lá, você nem quereria saber disso. Se você soubesse como ele tem que obedecer a aqueles que se posicionam por detrás do trono e lhe dizem o que fazer, você sairia de perto!".

Não se trata de um comentário político. Independentemente de qual seja o partido no poder, ou de qual homem o ocupa, é verdade que tudo está contaminado por todo o mundo.

A razão é a seguinte: porque tudo flui do ser humano, e ele está contaminado. Não se pode tirar água pura de uma fonte contaminada. Não dá para colher figos doces de um espinheiro. Não tem como colher uvas doces de uma parreira brava, muito menos conseguir ovos comestíveis de um urubu.

De modo parecido, não se pode conseguir tesouros puros tendo corações impuros.

Antes de mudarmos de assunto, tenho que fazer a seguinte observação: não concordo com aqueles que acham que todo homem de negócios é desonesto. Quero dizer que sei que existem homens na vida pública que se afastariam de forma bem clara de qualquer coisa que não seja justa ou honesta. Acredito que, particularmente na vida cristã, é possível ter uma vida pura e justa.

Esta é a minha ideia: por causa da condição perdida e impura da humanidade, o dinheiro, a influência e o poder geralmente possuem o estigma e o toque da impureza sobre eles. Isso contrasta com a herança divina do crente, que é pura e íntegra.

Portanto, definimos a nossa herança a partir da sua fonte. Devido ao fato de ela fluir do coração puro e imaculado de Jesus Cristo, ela é tão imaculada quanto Ele, e Ele é aquele que é descrito como santo, manso e puro, separado dos pecadores.

A terceira qualidade de nossa herança eterna é *imarcescível*. Ela nunca desaparece!

Ora, gostaria de recorrer novamente ao seu conhecimento deste mundo presente. Você conhece alguma coisa neste mundo presente que pode ser descrita como algo que nunca perde sua qualidade ou valor?

Em todas as nossas maiores cidades, pode-se andar de carro em algumas ruas e avenidas e encontrar bolsões de mansões antigas de arenito. Quando elas foram construídas, elas eram o orgulho dos ricos e da elite. Elas equivaliam a uma marca de posição social e das pessoas que tinham "sangue azul".

Mas os anos se passaram e o resplendor dessas mansões desapareceu. Em muitos lugares, elas estão bem surradas e precisam de reforma, geralmente abrigando doze ou mais famílias de baixa renda.

A realeza social de poucas gerações atrás saiu de cena. Embora os seus nomes se encontrassem na lista dos famosos, eles não tinham noção de que não faziam parte da lista dos cautelosos. Nem de perto eles sonhavam em sua vida que essas mansões ficariam deterioradas, que perderiam o seu valor e que, na prática, desapareceriam.

É isso que acontece com as coisas desta vida.

O jovem casa hoje com a noiva que está desabrochando em sua feminilidade. Ela é linda de se olhar. Mas em poucos anos ela observa esse processo humano que se chama envelhecimento.

Por isso ela corre para o salão de beleza e para a prateleira de cosméticos, quem sabe até mesmo para o farmacêutico de plantão; ela sente que precisa tomar alguma atitude com respeito a sua beleza que está desaparecendo.

Eu também conheço vários homens que podem não estar preocupados com a aparência, mas estão sustentando os farmacêuticos e a indústria de remédios por causa de alguma úlcera ou dor reumática; eles percebem que sua saúde física está desaparecendo.

As cartas antigas amarelam, bem como os livros velhos e outras coisas com o passar do tempo. Às vezes, é possível pagar por alguma restauração, mas uma ou duas gerações depois terão que ser restauradas de novo, e cada restauração implica em um desgaste.

A Bíblia nos diz de forma bem clara que somos como a flor do campo que passa. Um dia ela está formosa, mas no dia seguinte ela é cortada, seca e se vai.

Não me incomodo nem um pouco em lhe dizer que estou bem interessado nessa herança que está reservada no céu para nós! Da minha parte, ela é tão real como a minha mão direita. Estou satisfeito com a descrição que Pedro faz da nossa herança futura e com a promessa de que somos guardados para ela pelo poder de Deus, mediante a fé.

"Sois guardados pelo poder de Deus, mediante a fé, para uma herança [...]".

Por que Pedro fala conosco dessa forma? Por que ele não fala que o que é guardado é a herança propriamente dita?

Pois é, ele fala de nossa herança e depois diz claramente: "Somos guardados pelo poder de Deus".

Acho que sei a resposta.

Seria impensável se nossa herança fosse incorruptível e nós não fôssemos, não acha?

Seria impensável se nossa herança fosse imarcescível e nós desaparecêssemos.

Seria impensável se o nosso tesouro durasse mais do que nós e que Deus se achasse na posição vergonhosa de preparar um tesouro eterno para alguém que Ele não pudesse preservar para desfrutar dele.

Será que Deus passará por esse transtorno? Será que Ele se daria ao luxo de preservar uma herança para um povo que Ele não consegue preservar?

Claro que não! Pelo menos enquanto o mundo existir, porque somos guardados pelo poder de Deus, mediante a fé, para uma herança que está reservada no céu para nós.

Confio bastante, portanto, no poder conservador de Deus.

Ora, por fim, se você está sendo mantido pelo poder de Deus, que tipo de indicações desse plano e desse poder está sendo refletido na sua vida diária?

Pedro deixou bem claro nessa mesma passagem: somos eleitos, regenerados, obedientes e crentes!

É essa que é a resposta completa.

Somos eleitos — essa foi a ideia de Deus e era seu propósito antes de qualquer pessoa saber disso.

Somos regenerados — também foi ideia de Deus, já que cremos no seu Filho.

Obedientes e crentes — nós que somos guardados para uma herança pelo poder de Deus por meio da fé.

A nossa situação, portanto, é essa, meus amigos — e, por sermos cristãos, não somente nos tornamos ricos, mas ricos com título de nobreza! Não precisamos de desculpa pelo modo que a recebemos. Essas riquezas não são marcadas com o estigma de terem sido adquiridas por mãos impuras.

Fico imaginando quando vamos começar a nos comportar e viver no nível de nossas riquezas em vez de agir como criaturas assoladas pela pobreza tentando se esconder com uma folha para que não sejamos vistos.

Vamos anunciar ao mundo o quanto nós somos ricos! Vamos proclamar que somos guardados pelo poder de Deus para uma herança reservada no céu para nós!

Essa é a vocação de tempo integral de quem é filho de Deus.

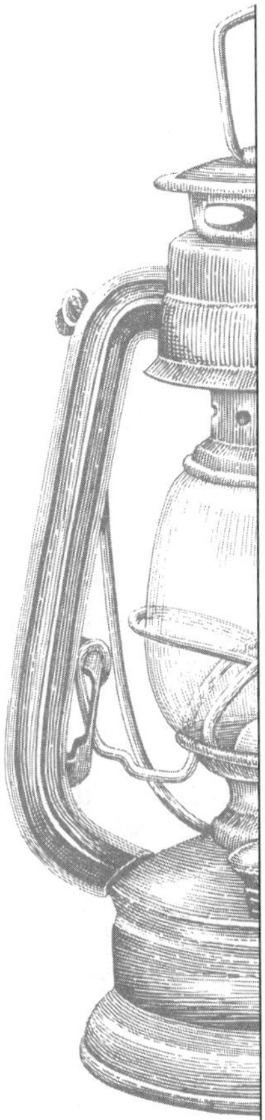

8

Um uniforme espiritual: *vestidos de humildade*

Cingi-vos todos de humildade, porque Deus resiste aos soberbos, contudo, aos humildes concede a sua graça.

1Pedro 5:5

O APÓSTOLO PEDRO, AO ACONSELHAR aos cristãos a se cingirem de humildade em todos os seus relacionamentos uns para com os outros, geralmente dá a entender que a verdadeira humildade cristã deve ser o seu uniforme de identificação todos os dias.

No costume dessa cultura distante, os homens se vestiam de acordo com a sua posição e com o seu lugar na sociedade.

Na nossa época, nós também estamos acostumados a identificar os funcionários públicos pelo tipo de uniforme que eles usam. Se precisarmos de repente de alguma ajuda ou assistência, mesmo em alguma cidade estranha, olhamos rapidamente em volta para ver se encontramos a presença útil do uniforme de um policial.

Não temos medo do carteiro que entra todos os dias na nossa propriedade. O seu uniforme nos diz que ele é funcionário do governo e que ele está a cargo de um serviço de utilidade pública.

Por causa disso, o Espírito Santo, por meio do apóstolo, cita a necessidade de os membros do Corpo de Cristo se sujeitarem uns aos outros debaixo dos laços do amor, da misericórdia e da graça. Essa postura honesta de submissão e humildade passa a ser o nosso uniforme, um adorno, de fato, indicando que somos discípulos remidos e obedientes de Jesus Cristo e que pertencemos a Ele.

O pedido de Pedro não fica esquisito quando lembramos de que foi o próprio Jesus Cristo, o nosso Senhor, que se revestiu de humildade e depois se envolveu em uma jornada difícil, quebrantando-se cada vez mais — até a morte na cruz.

Trata-se de um exemplo bíblico e divino que temos na pessoa de Jesus que, "subsistindo em forma de Deus, não julgou como usurpação o ser igual a Deus; antes, a si mesmo se esvaziou, assumindo a forma de servo, tornando-se em semelhança de homens; e, reconhecido em figura humana, a si mesmo se humilhou, tornando-se obediente até à morte e morte de cruz. Pelo que também Deus o exaltou sobremaneira e lhe deu o nome que está acima de todo nome".

Eu acho que é mais importante para os crentes reconhecer que, devido ao fato de Cristo Jesus ter vindo ao mundo cingido de humildade, Ele sempre estará com aqueles que se vestem com ela. Ele permanece no meio daqueles que são humildes. Essa é uma lição que ainda não foi aprendida por todos entre nós.

Gostaria de me referir agora a uma passagem impactante no Cântico dos Cânticos, que eu acho que traz explicações práticas a respeito do desejo do Noivo celestial de ter comunhão com seus queridos nos locais de serviço humilde.

Estou usando esta história do Antigo Testamento como um exemplo bom e impactante, mesmo que alguém possa afirmar que ele não se sustenta debaixo da crítica rigorosa de algum especialista ou expositor da Bíblia. Francamente, eu não sei como alguém pode expor de forma coerente o Cântico dos Cânticos — temos a tendência de aceitar a ideia de todas as pessoas a respeito do seu significado.

Ela se encontra no capítulo 5, e a noiva está falando a respeito da sua tristeza, porque o seu amado a tinha chamado durante a noite para ir com ele e ela demorou para responder. Ele a chamou dizendo que a sua cabeça estava coberta com o orvalho e suas mechas estavam molhadas com as gotas da noite, porque ele estava colhendo lírios e mirra, enquanto cuidava de suas ovelhas.

A título de resumo, ela lembra que estava lindamente vestida para o aposento noturno, mas não com as roupas que lhe permitiriam atender seu chamado prontamente, porque ele queria que ela o acompanhasse em sua humildade e serviço entre as ovelhas e nos deveres dos jardins e dos campos.

Depois ela confessa: "Abri ao meu amado, mas já ele se retirara e tinha ido embora [...] busquei-o e não o achei; chamei-o, e não me respondeu".

Quando ela conseguiu se dispor a colocar sua roupa adequada para se juntar a ele em suas tarefas humildes, ele já tinha ido.

Ora, as Escrituras são conclusivas em ensinar que Deus está sempre do lado da pessoa humilde, e Pedro concorda plenamente com a declaração de que Deus resiste aos soberbos e dá graça aos humildes.

Quem sabe os seres humanos geralmente tenham a opinião de que eles encontrarão Cristo onde quer que estejam, mas acho que existe esse princípio quanto a encontrar Cristo onde quer que Ele esteja — e esse lugar é exatamente o lugar da humildade, sempre!

Deus resiste ao homem que é orgulhoso — e teimoso!

Acredito que Deus encara a atitude do homem orgulhoso como uma resistência a Ele. Não é muito frequente — possivelmente uma vez a cada cem anos — que uma pessoa possa realmente levantar sua face a Deus e exclamar o seguinte: "Deus, eu resisto a ti, eu te desafio!".

Não existe um padrão geral desse tipo de resistência entre os homens. Somos muito mais inclinados a nos opor a Deus resistindo contra o lado que Ele defende e resistindo aos seus caminhos.

Mas as Escrituras ensinam claramente que quando um homem orgulhoso e teimoso se opõe a Deus, ele pode contar com a oposição divina.

O homem que levanta o queixo e faz alguma coisa contra um cristão, mesmo que seja por uma causa que seja justa a princípio, encontrará da mesma forma Deus lhe resistindo, porque ele está equivocado no espírito e na atitude.

Acho que Deus olha além da situação para discernir o espírito e a atitude envolvidos. Acho que Ele está mais interessado em como reagimos à violência e aos maus-tratos do que com o fato em si pelo qual sofremos abuso da parte de alguém.

Alguns de nós já tivemos experiências de sermos "descartados" da forma mais eloquente possível por pessoas com um fluxo bem descritivo de linguagem;

mas a eloquência se perde quando Deus está nessa situação. Se você for seu filho e passar por algum abuso ou perseguição em seu nome, o grande interesse dele é a atitude que você terá em sua reação a isso.

Será que você terá alguma atitude teimosa de vingança contra essa pessoa? Se você resistir ao Espírito de Deus que te pede para demonstrar o amor e a graça de Jesus Cristo, seu Salvador, pode ter certeza de uma coisa: Deus resistirá a você!

Ora, isso não quer dizer que Deus virará a casaca e assumirá o lado da pessoa que o maltrata. Isso simplesmente significa que Deus terá que resisti-lo porque sempre resiste a quem é teimoso.

Mesmo quando você tem os fatos a seu lado, Deus terá como saber se você tem alguma má intenção. Quando Deus resiste ao homem por causa do seu orgulho, não é provável que Ele enviará algum juízo imediato e dramático. Provavelmente, não sinalizará sua resistência ao homem teimoso por meio de algum julgamento público.

Raramente Deus faz seu julgamento de forma dramática. Tenho refletido profundamente se haveria como aprender nossas lições sobre humildade e obediência de forma mais rápida se Deus resistisse ao homem como um soldado resiste ao outro, com algum duelo de espadas, resultando em um posterior derramamento de sangue.

A resistência dele não funciona dessa maneira. Quando Deus resiste ao homem pelos pecados do seu espírito e da sua atitude, há uma lenta degeneração espiritual interior como sinal do julgamento que virá. Um endurecimento lento que vem da falta de disposição de ceder resultará no cinismo. A alegria cristã desparecerá e não haverá mais fruto do Espírito. Esse homem azedará como uma conserva de frutas — e não estou exagerando quando digo que o homem a quem Deus resiste continuará a azedar amargamente em seu próprio suco.

Deus realmente resiste ao soberbo e acho que este é o fator importante: o homem pode não ter errado nos fatos, mas falhou no teste do seu espírito!

É igualmente importante afirmar que as Escrituras nos garantem que o mesmo Deus que resiste aos orgulhosos sempre está pronto para dar graça aos humildes.

A Bíblia aconselha tanto ao homem quanto à mulher a se humilharem debaixo da potente mão de Deus. Minha opinião é de que seria um gesto relativamente fácil se a nossa humildade tivesse que ser demonstrada somente debaixo da potente mão de Deus.

Se o Senhor me dissesse: "Eis que virei e ficarei na frente da igreja e espero que venhas e te prostres diante de mim e te humilhes", para mim isso seria fácil, porque sei que ninguém passa vergonha em se prostrar humildemente diante do próprio Deus.

Qualquer pessoa poderia continuar a se sentir orgulhosa até mesmo se prostrando diante da Majestade eterna das alturas. Mas Deus conhece o nosso coração e se Ele não nos permite cumprir seu apelo à humildade simplesmente com um gesto exterior.

Deus pode usar as pessoas que você acha que não são dignas de engraxar os seus sapatos e, em alguma situação, Ele esperará que você se humilhe de forma mansa e aceite delas tudo o que estão lhe transmitindo. Nesse espírito de humildade, você estaria se humilhando debaixo da potente mão de Deus!

Pense no exemplo do nosso Salvador, que foi agredido e retalhado com chicotes. Aquele chicote não era usado por algum arcanjo, mas por um soldado romano pagão. Essa violência que foi infligida a Jesus não veio de nenhuma das multidões das fileiras celestiais – mas de homens maus, blasfemos de lábios impuros que não eram dignos de limpar o pó da sola das suas sandálias.

Jesus voluntariamente se humilhou debaixo da mão dos homens, portanto, foi como que Ele se humilhasse debaixo da mão de Deus.

Frequentemente os cristãos perguntam: "Será que eu tenho que me humilhar e aceitar mansamente todas as situações da vida?".

Acho que a resposta é a seguinte: já que somos cristãos, a humildade não nos deixa violar os princípios morais nem agir contra a verdade.

Se, em algum ato de humildade, a verdade fica comprometida, nem devemos pensar em fazer isso. Se se tratar de um ato imoral, menos ainda.

Tenho certeza de que ninguém é chamado por Deus para degradar a si mesmo — nem moralmente nem diante da verdade. No entanto, temos realmente um chamado de nos humilharmos diante da sua mão potente. Quem for mais digno, que atire a primeira pedra.

Nesse chamado a seu povo para a humildade, Deus acrescenta a promessa de que Ele nos exaltará no tempo certo. "Em tempo oportuno"! Acho que se trata do tempo que Deus acha que é mais adequado para nos aperfeiçoar e um tempo que é melhor para os homens. O "tempo oportuno" é justamente esse.

Irmãos, Deus sabe o que é melhor para cada um de nós em seu desejo de fazer de nós o tipo de santos que o glorificará e o honrará em todas as coisas.

Muitos de nós temos prejudicado os nossos próprios filhos da seguinte forma: ensinando a dirigir antes da idade, dando dinheiro demais antes de entenderem o seu valor, ou mesmo dando-lhes liberdade demais antes de saberem o significado da responsabilidade e da maturidade.

Essas coisas aparecem na forma de nossas bondades mal orientadas, mas acabam prejudicando o filho. Recompensar as pessoas por algo que não conquistaram nem merecem, com certeza as prejudica.

De modo parecido, se Deus vier prontamente defender o santo, antes de ele ter passado pelo fogo, ele será prejudicado. Estamos diante da verdade bíblica, não da ficção dos homens. Qualquer obra de ficção moderna protegeria Daniel de tudo. Enquanto ele estivesse caminhando para a cova dos leões, uma voz do céu bradaria e todos os leões cairiam mortos.

Mas o que realmente aconteceu?

Deus permitiu que os inimigos de Daniel o colocassem na cova dos leões e que ele dormisse naquele lugar até de manhã porque o "tempo oportuno" de Deus para Daniel era a manhã, não a noite anterior.

Também gostaria de ver como os escritores de obras de ficção modernas tratariam a história dos três filhos de Israel na fornalha de fogo ardente. Eles poderiam fazer um livro inteiro a respeito disso.

Eles seriam forçados a inventar algum artifício humano e apoteótico para afastar aquela fornalha antes que os três jovens fossem jogados nela — mas isso tiraria a fornalha de cena cedo demais.

A fim de que Deus fizesse as coisas a seu modo e para que Ele fosse glorificado em tempo oportuno, esses santos tiveram que passar pelo fogo e permanecer lá durante a noite — o tempo oportuno era pela manhã.

Deus disse que o exaltará no tempo certo, mas lembre-se: Ele está se referindo ao tempo dele, não ao nosso!

Alguns de vocês estão realmente dentro de uma fornalha de fogo ardente neste exato momento. Você está passando por algum tipo de prova espiritual. Nem o pastor nem os outros podem estar sabendo, mas você tem orado e perguntado ao Senhor: "Por que é que o Senhor não me tira dessa situação?"

É porque, no plano de Deus, você não se acha ainda no "tempo oportuno". Quando você passa pelo fogo, Deus o tira de lá e não haverá nem mesmo cheiro de fumaça na sua roupa e você não terá nenhuma sequela.

O único problema que pode acontecer pode vir da sua insistência de que Deus tem que lhe dar o livramento antes do momento que Ele planejou.

Já que somos filhos de Deus, temos que nos acostumar a esperar. O santo de Deus não tem que se preocupar com o tempo quando ele se encontra dentro da vontade de Deus.

É o pecador que não tem tempo. Ele precisa se apressar ou irá para o inferno, mas o cristão possui uma eternidade de bênção diante dele.

Portanto, se você estiver dentro da fornalha, não tente sair rápido demais. Espere na vontade de Deus e Ele o exaltará no tempo certo — no tempo oportuno criado para glorificar a Deus e abençoar seu próprio espírito!

Uma das nossas maiores fraquezas para nós que somos homens e mulheres cristãos é a nossa insistência contínua em querer receber socorro antes de a tribulação terminar. Deus disse que Ele quer nos provar e testar e, quando essa provação terminar, Ele mesmo dará o veredito: "Testado — e aprovado!"

Eu somente oro para que nós todos possamos saber como nos conduzirmos como filhos que confiam em Deus em meio a esse período no qual aguardamos a sua vinda. Paulo escreveu isso. Jesus veio à terra pela primeira vez na plenitude do tempo — era o tempo de Deus para que Ele viesse a fim de morrer pelos nossos pecados.

Pedro escreveu que Deus nos exaltará "em tempo oportuno", falando a respeito do fato de que Jesus voltará para a terra no tempo de Deus. O plano de Deus para nós nestes dias equivale a sujeitarmo-nos uns aos outros em humildade em preparação para a vinda de seu Filho, que será exaltado juntamente com seus santos!

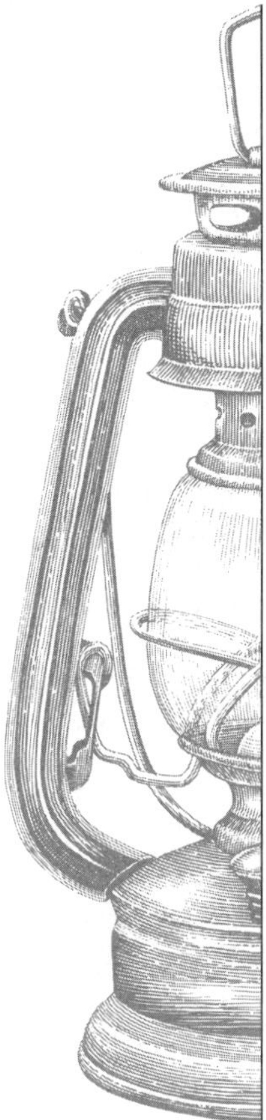

9

Maridos e esposas: *o enfeite verdadeiro e o Espírito Santo*

Mulheres, sede vós, igualmente, submissas a vosso próprio marido [...]. Maridos, vós, igualmente, vivei a vida comum do lar, com discernimento; e, tendo consideração para com a vossa mulher [...] cujo enfeite [...] [é] o trajo de um espírito manso e quieto.

1Pedro 3:1-7

CHEGAMOS A UM TEMPO VERGONHOSO na história, em que os oradores — inclusive muitos pregadores — acham adequado lidar com problemas entre homens e mulheres, maridos e esposas, como uma espécie de gatilho engraçado para uma porção de gargalhadas.

Por toda a existência humana, as posições biológicas dos dois sexos têm permanecido intactas, mas as atitudes psicológicas e as relações sociais têm sido alteradas de forma bem drástica com o passar do tempo.

Nos últimos anos, tem havido uma revolução positiva e radical com relação ao relacionamento entre os sexos, e acredito que as suas origens podem ser amplamente rastreadas nos Estados Unidos. Trata-se de uma impossibilidade analisar aqui com todos os detalhes os ímpetos deste movimento que tem sido amplamente aceito como aquele que busca a "liberação" das mulheres do mundo.

O que eu quero dizer a respeito do relacionamento entre marido e mulher se resumirá a isso: para o homem e para a mulher cristã existe só uma regra a seguir, e esta é: "O que a Bíblia tem a dizer a respeito?".

Os cristãos são a princípio filhos de Deus, e, por serem filhos de Deus, temos um compromisso com a Palavra de Deus. Somos comprometidos com o Homem e com o Livro, sendo esse homem o Senhor Jesus e esse Livro, com certeza, as Sagradas Escrituras.

Quando descobrimos o que a Bíblia tem a dizer sobre qualquer assunto e sobre o que agrada ao Homem na glória, não há lugar para questionamentos.

Nesta epístola, Pedro faz uma declaração clara de que as esposas cristãs devem estar sujeitas aos seus próprios maridos, reforçando o que a Bíblia parece ensinar em outros lugares — que o homem, como cabeça da raça, é o chefe do lar.

Volte ao Gênesis e você verá que Deus fez Adão do pó da terra e soprou o fôlego da vida nas suas narinas. Depois, porque não era bom que ele estivesse só, Deus fez a mulher de parte do homem — e a mulher tem que entender e aceitar isso.

Mas, rapidamente e, por outro lado, tem que ser dito que não existe nenhuma autoridade bíblica, nem preceito nem exemplo bíblico, que permite que o marido se comporte como um senhor brutal, governando sua casa com vara de ferro.

Leia novamente a história de Abraão e Sara e observará a liderança nobre que Abraão exercia. Ele nunca governou com vara de ferro.

Prossiga para o pobre Jacó com todas as suas dificuldades domésticas. Sempre havia uma graciosidade e uma bondade dentro do seu círculo familiar.

Pode-se continuar por toda a história do Antigo Testamento e, embora ela permaneça um tanto na sombra comparada com o Novo Testamento, mesmo assim nunca houve nenhum domínio masculino brutal em meio às famílias com as quais Deus estava tratando.

Em seu estudo sério da Bíblia como a Palavra de Deus, você terá que concordar que ela parece ensinar que o marido e a mulher devem completar um ao outro. Em outras palavras, parece ser a vontade de Deus que o marido e a mulher juntos possam se tornar o que nenhum dos dois seria se estivesse separado do outro.

Com certeza, o retrato bíblico é claro em negar ao marido qualquer direito de ser um déspota dominador que se alegra em tratar mal a sua mulher e a sua família.

Por outro lado, as Escrituras também não reconhecem nem aprovam uma mulher rebelde e dominadora. Uma mulher opressora e enganosa consiste no fruto do pecado e da incredulidade, e essa função de maneira nenhuma tem lugar na vontade de Deus para a família cristã.

Na verdade, acho que podemos interpretar as Escrituras de modo a ensinar que Deus nunca quis que houvesse uma rivalidade ou uma competição contínua entre marido e mulher. Em vez disso, ela ensina os ideais do entendimento e da cooperação.

Deve haver o entendimento de que as duas pessoas entraram em uma aliança por opção e não por força das circunstâncias, passando a morar na mesma casa e vivendo as mesmas situações. Este entendimento deve incluir o fato de que o marido, segundo as Escrituras e a vontade de Deus, é o cabeça da raça e da casa, mas ele deve agir de modo sábio, segundo a exortação gentil de Pedro: "Maridos, vós, [...] vivei a vida comum do lar, com discernimento".

Pedro está aconselhando que o marido use a cabeça e o senso comum que recebeu "[...] tendo consideração para com a vossa mulher como parte mais frágil, tratai-a com dignidade, porque sois, juntamente, herdeiros da mesma graça da vida".

Em outras palavras, marido e mulher são juntamente filhos de Deus, coerdeiros da graça da vida.

Se nos lembrarmos deste fato com espírito de oração, acho que chegaremos ao entendimento de que foi neste ponto que surgiu o cavalheirismo. Estou falando a respeito do cavalheirismo cristão, do modo que o entendemos.

O mundo em que vivemos e a sociedade da qual fazemos parte sempre buscou zombar do conceito da mulher como vaso mais fraco e satirizá-lo incessantemente. Milhares de piadas têm sido feitas, e os cartunistas se esbaldam com seus desenhos de uma mulher atraente e sedutora conduzindo o homem manso como um cordeirinho pelas ruas.

Entretanto, nós lembramos que as Escrituras dizem que o homem e a mulher são coerdeiros da graça de vida. Se o marido e a mulher são cristãos, também são coerdeiros. São unidos pelos laços mais fortes — eles são um em Jesus Cristo, que os salvou.

Ora, Pedro tece um comentário bem forte nesta passagem que é de interesse aos maridos:

"Tratai-a com dignidade, porque sois, juntamente, herdeiros da mesma graça de vida, para que não se interrompam as vossas orações".

Imagino que haja muitos maridos cristãos cujas orações não são atendidas, e eles podem encontrar inúmeras razões para isso. Mas o fato é que o marido insensato é uma pessoa imensamente bruta e arrogante no que diz respeito à consideração por sua mulher.

Se o marido equilibrar sua mente e o seu espírito e viver com sua mulher com entendimento, tratando-a com o cavalheirismo que ela merece como vaso mais fraco, lembrando-se de que ela é sua irmã em Cristo, suas orações serão respondidas apesar do Diabo e das outras razões que ele possa apresentar.

Os problemas espirituais do marido não se encontram no Kremlin nem no Vaticano, mas no coração do próprio homem — em sua atitude e na sua incapacidade de resistir à tentação de resmungar, de murmurar e de ser autoritário.

Não existe lugar para esse tipo de governo masculino em nenhum lar cristão. O que a Bíblia pede é o reconhecimento gracioso e adequado do relacionamento entre o amor e o entendimento, e a aceitação de um espírito de cooperação entre o marido e a mulher.

Pedro também busca nos dar uma resposta clara nesta passagem com relação à vida e a conduta de uma esposa cristã que possui um marido incrédulo e zombador.

Não ousaremos lidar com isso somente como um problema presente na história antiga. Em todas as nossas congregações, enfrentamos, de fato, a pergunta da esposa cristã: "Como posso ajustar minha vida cristã, sendo obediente à Palavra, se estou morando com um homem que odeia a Deus e vive me xingando e me agredindo quando digo que vou para a casa do Senhor?".

Em primeiro lugar, temos que admitir que existe o tipo de mulher que pede oração por seu marido, mas nunca o verá convertido porque ela se recusa a assumir a posição bíblica que Deus lhe deu ou, para ser mais claro, ele nunca observou nenhuma característica espiritual em sua vida que ele mesmo gostaria de ter.

Pedro deu às mulheres cristãs o conselho mais claro possível: "Sede vós, igualmente, submissas a vosso próprio marido, para que, se ele ainda não obedece à palavra, seja ganho, sem palavra alguma, por meio do procedimento de sua esposa, ao observar o vosso honesto comportamento cheio de temor".

Esse conselho bíblico serve para o seguinte: para demonstrar que a esposa cristã quieta e cooperativa consiste em um instrumento poderoso para o bem na casa, e, quando ela não fala muito, ela passa a ser uma evangelista bem difícil de resistir. Pedro deduz de modo bem forte que o homem, que aparentemente rejeita sua doutrina e ri da sua fé, é subjugado na sua consciência pelo espírito manso e quieto de sua mulher e pelo seu comportamento honesto e cheio de temor a Deus.

Em resumo, acabamos de mencionar dois extremos — o marido severo cujas orações não são atendidas, e a mulher cuja vida não mostra nenhum temor de Deus, nem paciência na adversidade.

Agradeço a Deus que entre essas duas posturas existam multidões de pessoas boas e decentes que tentam dar o máximo que podem para Deus em todas as situações da vida, não dando muita atenção às irritações óbvias e experimentando juntas a graça de Deus.

Igualmente dou graças por esse número tão grande de homens e mulheres crentes que se relacionam com base nos laços de Cristo e com a ajuda do Espírito de Deus a fim de estabelecer um exemplo coerente para a sua família, para os seus vizinhos e para os seus amigos.

Admito que a este ponto alguns entre vocês estão pensando se vou ignorar o restante da exortação de Pedro às mulheres cristãs de seu tempo.

Há um problema nesta passagem, mas eu posso morrer amanhã e não gostaria de morrer sabendo que um dia antes não passei de um covarde ou tímido ao lidar com algum texto bíblico.

Aqui vai o conselho de Pedro para as esposas:

"Não seja o adorno da esposa o que é exterior, como frisado de cabelos, adereços de ouro, aparato de vestuário; seja, porém, o homem interior do coração".

Em primeiro lugar, observe a maneira pela qual Pedro eleva a questão para além em que há divisão entre os sexos e coloca a matéria em um plano espiritual em que não existe divisão. Nesse plano espiritual, o que realmente importa é o ser interior no coração e no espírito.

Em segundo lugar, o que a Bíblia realmente ensina nesse texto a respeito dos enfeites exteriores das pessoas?

Ela diz que a mulher não deve buscar ser atraente com sua roupa e seus enfeites. Será que ela proíbe expressamente fazer tranças no cabelo, ou usar ouro nesses enfeites? Geralmente se faz essa pergunta.

Diremos que a resposta é afirmativa e depois vamos continuar e ver como é que ficamos.

Quando era menino, as tranças eram bem comuns. Toda menina tinha um rabo de cavalo que chegava até a cintura. Quanto maior era ele, mais orgulhosa era a menina!

Minha irmã costumava usar tranças e elas sempre foram chamadas assim.

Então, será que a Bíblia diz que uma mulher não deve se adornar com tranças?

Se dissermos que sim, ela descarta as tranças que se usam atualmente.

O conselho continua dizendo o seguinte: "Não sejam os adereços de ouro o adorno da esposa".

Será que a mulher cristã nunca deve usar ouro em nenhuma ocasião?

Por enquanto concordaremos e diremos que não se deve usar ouro.

"Nem aparato de vestuário".

Agora, espere um pouco! Estamos com problemas com o nosso raciocínio nesse particular, porque isso não quer dizer que a mulher não deve usar nenhum aparato de vestuário.

Se essa passagem não se trata de uma proibição severa com respeito a enfeitar o cabelo ou usar ouro ou usar aparato de vestuário, o que ela significa?

Ela indica que a atratividade de uma pessoa não se acha no exterior, mas no interior. Portanto, a mulher cristã deve se lembrar que ela não pode comprar a atratividade verdadeira — que o brilho que realmente aparece na beleza vem do coração e do espírito, não do corpo.

É isso que Pedro deu a entender, e tudo o mais, por exclusão ou por estrutura, não passa de interpretação particular e levará a um fanatismo frio.

Não existe nenhuma linha de expressão aqui que nos leve a crer que Pedro estava criando alguma lei de que é errado para a mulher trançar os cabelos. As mulheres sabem que têm que fazer algo com isso.

Nem existe nenhuma passagem das Escrituras que ensine que o uso do ouro é proibido. Em sua criação, Deus fez o ouro e lhe deu lugar de destaque. Ele agrada aos olhos e é um elemento importante. Se temos esse material e podemos adquiri-lo, não existe nada nas Escrituras que diga para não o usar, muito menos que não se use aparato de vestuário.

Portanto, o ensino é claro: não faça dos enfeites seu poder de atração. Não tente substituir a verdadeira beleza do seu ser pelo ouro ou pelas joias.

Tenho certeza de que não seria um equívoco supor que Pedro teve uma razão para escrever isso, porque a história sustenta o fato de que também havia costumes, modinhas e estilos naqueles dias.

Suponho que isso era moda e o modo adequado de agir — fazer das tranças uma espécie de obra de arte, com grandes exposições de ouro, joias e aparatos finos entre as mulheres mundanas e incrédulas daquela época pagã.

Quem sabe Pedro pareça um pouco ácido para alguns quando ele escreve e diz: "Vocês, mulheres cristãs, devem ser pessoas diferentes do que eram antes de conhecer ao Senhor. Já que vocês são cristãs, devem estar mais interessadas no caráter e na vida espiritual interior do que nas suas roupas e enfeites".

Dito isso a respeito da atratividade interior da pessoa, também se deve dizer que nenhuma mulher cristã deve se descuidar no modo de vestir e na aparência. Como pode ser que uma mulher cristã, com a Bíblia debaixo do braço e lição a tiracolo, pode ser conhecida como uma verdadeira "relaxada"?

Esse tipo de mulher não me impressiona com a sua suposta espiritualidade. Só posso dar de braços e pensar sobre o seu vestido surrado: "Será que ela foi pegar esse vestido entre as roupas velhas no fundo do armário ou ela dormiu com ele?".

Posso ser bem veemente nesse apelo — não acho que a verdadeira espiritualidade dê espaço para dar esse tipo de impressão desleixada. Não há lugar no coração de Jesus Cristo nem do doce e artístico Espírito Santo para descuido, falta de higiene ou mau gosto.

Lembro-me da história do velho irmão quacre que precisou prestar serviço na casa de uma das irmãs da cidade: eles se saudaram da maneira própria dos quacres e depois tiveram uma conversa rápida sobre as coisas de Deus. Quando ele estava para sair, ela disse: "Irmão, você se importaria em orar comigo antes de sair?". Ele disse: "Não posso fazer isso", e ela disse: "Por quê?". Ele respondeu: "Sua casa está imunda e Deus nunca me disse para me ajoelhar em uma casa assim. Me chame para orar depois de fazer uma bela faxina".

Quem sabe ela tenha se ocupado em orar bastante para manter a casa limpa, mas creio que uma casa limpa e bem cuidada a teria ajudado em seu testemunho cristão e quem sabe ela também poderia ter orado de forma mais adequada.

Ora, é claro que deve haver uma maneira adequada de se cuidar e eu resumiria esse modo em quatro palavras conhecidas; *limpeza, arrumação, modéstia e adequação*.

Não há quem possa dizer que não entende a palavra *limpeza*. Mesmo tendo poucos recursos, ainda assim podemos manter os cuidados básicos de higiene. Praticamente todas as pessoas possuem água suficiente para um asseio básico.

Por que não podemos todos estarmos bem-arrumados nos nossos contatos diários? Não acho que ninguém precisa parecer que saiu de um ciclone e não teve tempo de se "recompor".

Na nossa época, algumas pessoas parecem achar engraçada a palavra *modéstia*. Ria o quanto quiser, mas é uma das palavras que vamos enfrentar no grande dia do juízo vindouro.

Em nossa vida cristã, devemos conhecer a força da palavra *adequação*. Acho que toda mulher cristã deve se vestir de forma adequada para a sua situação e a sua renda. A mulher cristã que tenta dar folhetos evangelísticos arrumada de forma destacada e ostentatória ou com a roupa suja e desarrumada será uma representante inadequada para o evangelho que ela está tentando proclamar publicamente.

Percebi que algumas mulheres se desculpam pela maneira que se vestem em público com o fato de que elas não dispõem de muito dinheiro para gastar com roupas.

Afirmo que a mulher não precisa ter roupas grotescas mesmo passando por dificuldades financeiras.

Vocês sabem que de vez em quando eu pego ônibus e, além do preço mais barato da viagem, não existe nada melhor do que esse meio de transporte para observar a natureza humana.

Quando eu vejo algumas roupas inadequadas e grotescas que as mulheres usam ao pegar o ônibus, fico pensando por que as outras pessoas da família não protestam dizendo algo assim: "Por favor, mamãe, não saia desse jeito! As pessoas vão achar que você fugiu de casa!".

Acho que existe uma grande contradição entre nós. Muitas mulheres trabalham tanto em vários tipos de trabalho que estão envelhecendo no esforço de comprar as roupas e os cosméticos que supostamente lhes fariam parecer mais jovens.

A meu ver, não me parece sensato ou espiritual que uma mulher gaste mais do que pode em enfeites para ter uma boa aparência.

Por fim, acho que a mulher cristã tem que ter cuidado sobre o tipo de pessoa que ela vê como modelo de caráter e exemplo de vida diária. É muito triste ter a mente ocupada com o tipo errado de pessoa.

Acho que nenhum livro inglês de história dirá que Suzanna Wesley era uma das mulheres mais bem vestidas de sua época, nem que ela tenha recebido alguma medalha por sua atividade social. Mas ela foi a mãe de Charles e John Wesley, príncipes da música e da teologia cristã. Ela ensinou a própria família, e a sua vida e exemplo espirituais a colocaram bem alto no rol da fama de Deus por toda a eternidade.

Portanto, se você quiser adotar modelos a seguir no seu dia a dia, por favor não escolha as mulheres artificiais que viajam pelo mundo que só pensam em si mesmas, nas suas carreiras e na sua fama. Em vez disso, olhe para Sara, a princesa que deu o seu amor e a sua obediência a Abraão, ou Suzanna Wesley ou Florence Nightingale, Clara Barton ou Mary Fuller.

Existem tantos exemplos bons e essa é uma questão séria, porque o juízo declarará a fé, a obra e a influência de todas as pessoas.

Não quero funcionar aqui como um conselheiro feminino, mas quero lembrar vocês o que o apóstolo Pedro, um grande homem de Deus, disse há muito tempo. O enfeite verdadeiro é a beleza duradoura do coração, que é mais brilhante do que todas as joias que se pode comprar.

Que Deus nos ajude, homens e mulheres de qualquer situação civil, social ou doméstica, a fazer a vontade de Deus para que alcancemos desse modo a nossa coroa.

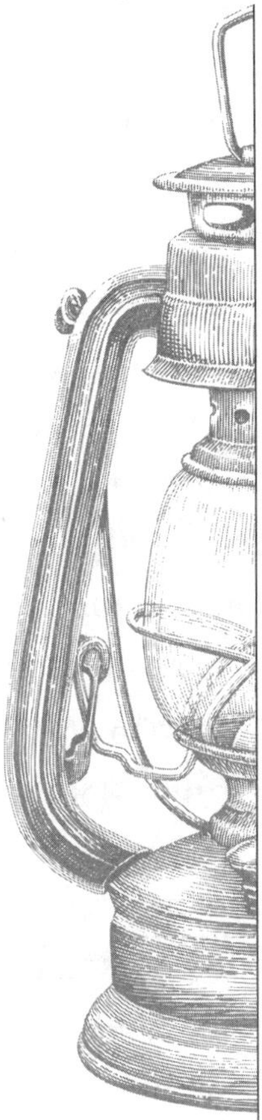

10

Uma palavra em favor da razão: *controle suas emoções!*

Por isso, cingindo o vosso entendimento, sede sóbrios e esperai inteiramente na graça que vos está sendo trazida na revelação de Jesus Cristo.

1Pedro 1:13

Estamos na companhia agradável dos apóstolos quando buscamos trazer alguma palavra a favor da razão na expressão da nossa vida e caráter cristão.

Pedro e os outros pregadores do Novo Testamento eram fervorosos em suas exortações aos crentes para que eles sempre apresentassem o tipo de espiritualidade mais sublime, independentemente das circunstâncias humanas.

Por que Pedro, então, acrescenta uma dimensão prática de cautela para que o filho de Deus "cinja os lombos de seu entendimento", e seja sóbrio na expressão diária de seu culto e do seu testemunho cristão?

A minha interpretação é a de que o apóstolo estava alertando os crentes que suas emoções humanas não devem ter a permissão de perderem o controle. Acredito piamente que ele estava defendendo o tipo de espiritualidade que vem juntamente com a plenitude do Espírito Santo, que é marcada por nosso caminhar nos lugares celestiais em Cristo Jesus, e certamente não é diminuída pela deposição do vigia que chamamos de razão.

O espírito do profeta está sempre sujeito ao profeta. Quando o Espírito de Deus age dentro do coração do homem, Ele fará desse homem uma pessoa generosa, mas nunca fará dele uma pessoa tola. Ele fará o homem feliz, mas nunca o tornará insensato. Ele pode entristecer essa pessoa com a dor e o peso da tristeza deste mundo, mas nunca o fará uma pessoa cínica e melancólica. O Espírito Santo fará essa pessoa amável e sensível, mas nunca fará com que ela faça alguma coisa da qual poderá se envergonhar posteriormente.

Pedro não estava promovendo nem predizendo uma espiritualidade fria e sem vida na igreja primitiva quando ele aconselhou os crentes a cingirem o lombo de seus entendimentos e serem sóbrios.

Ele estava dizendo aos cristãos primitivos o mesmo que espera para nós em nosso tempo: "Irmãos, se existe uma época que precisamos ser sérios quanto a nossa fé cristã, essa época é agora! Precisamos ser homens sóbrios — e espirituais!".

Nenhuma igreja deve ser um túmulo, ainda que o túmulo pareça a coisa mais sóbria que existe. A tumba simplesmente continuará a jazer com o passar dos anos, sem nenhuma mudança diante do frio, do vento, da exposição aos elementos ou ao calor, na guerra ou na paz, independentemente de como a história evolua. Ela simplesmente fica no mesmo lugar, sempre em sua posição ortodoxa, lembrando ao visitante que passa que os restos mortais do Sr. José da Silva, que viveu de 1861 a 1932, jaz ali. Essa é a história e o testemunho de um túmulo.

Admito que existem algumas igrejas assim. A fim de se manterem sóbrias, formais e quietas, elas se contentam em permanecer mortas. Entretanto, esse não seria o tipo de igreja que Pedro escolheria, nem o tipo de congregação com a qual queremos nos identificar.

Pedro tinha alguma razão para se preocupar em escrever aos crentes com essa nota de cautela que o Espírito Santo achou por bem nos transmitir. Acho que vemos nisso o método bíblico.

A Bíblia, como tudo o mais que Deus fez, possui um método. Posso perceber o método dele no fato de que esse versículo bíblico começa com as palavras "Por isso". Ele retorna a algo que já foi dito e avança para aquilo que deve ser feito.

O método bíblico consiste em estabelecer bases fortes de verdade e essas bases de princípios nada mais são que declarações de Deus. De modo principal, trata-se de declarações daquilo que Deus está fazendo, ou que Ele já fez, ou as duas coisas ao mesmo tempo.

Então, depois de essa base ser estabelecida, o método e o desejo do Espírito Santo é demonstrar que esta verdade revelada é uma obrigação moral.

É neste ponto que entro em divergência com alguns elementos da liderança das nossas igrejas cristãs na atualidade. Minha opinião bem refletida é que uma das maiores fraquezas na igreja moderna é a disposição de estabelecer bases da verdade sem dar o menor apoio com a aplicação moral.

O grande evangelista norte-americano Charles Finney chegou a declarar de forma bem franca que é pecado ensinar a Bíblia sem aplicação moral. Ele perguntou que proveito que se alcança simplesmente se fazendo um curso sobre a Bíblia para descobrir o que ela diz, se não existe obrigação nenhuma de fazer nada por causa daquilo que se aprendeu?

Não existe um destaque no certo e no errado na condução das aulas a respeito da Bíblia. Tenho certeza de que algumas aulas não passam de um meio pelo qual os homens ficam cada vez mais enterrados em seus preconceitos religiosos.

Somente quando existe uma aplicação moral passamos a entrar no método bíblico.

Quando nos dedicamos ao estudo bíblico de forma séria, descobrimos o método do Espírito Santo.

"Deus fez isso e aquilo, portanto é isso que devemos fazer". O método da Bíblia é sempre esse.

Não acharemos nenhum livro da Bíblia que não tenha alguma exortação piedosa. Não existe nenhuma porção bíblica que Deus quer que estudemos somente para encher o crânio de entendimento e aprendizado.

A Bíblia sempre apresenta a verdade e depois faz a aplicação: "Ora, já que isso é verdade, você deve fazer algo a respeito!". Esse é o significado da aplicação moral da verdade espiritual.

No caso que temos adiante de nós, Pedro tinha acabado de recitar algumas das coisas maiores e graciosas que Deus tinha feito:

"Bendito o Deus e Pai de nosso Senhor Jesus Cristo, que, segundo a sua muita misericórdia, nos regenerou para uma viva esperança, mediante a ressurreição de Jesus Cristo dentre os mortos, para uma herança incorruptível".

Ele continua dizendo: "Por isso, por causa das coisas que acabei de dizer, cingindo o vosso entendimento, sede sóbrios e esperai...".

Cingir os lombos do entendimento equivale a uma figura de linguagem bíblica. Pedro não tinha que explicar isso porque todos sabiam o que ele queria dizer com essa comparação. Isso tinha a ver com o modo pelo qual eles se vestiam.

As pessoas usavam uma espécie de túnica naquela época, uma vestimenta comprida, se é que podemos dizer assim. Algumas dessas vestimentas eram simplesmente como um cobertor com um buraco cortado no meio que depois era colocado sobre o corpo. Nesse sentido, essa roupa solta sempre atrapalhava o movimento, seja quando a pessoa estava trabalhando, seja enquanto ela caminhava.

Ela sempre atrapalhava, portanto ela era usada da seguinte forma: se a pessoa era muito pobre, ela simplesmente colocava uma peça de couro seco e cortava de tal maneira que pudesse ser amarrada na cintura com espaço para se fazer um nó. Desse modo, a pessoa estava cingida.

Com esse cinto ou cinturão amarrado e fazendo com que a roupa ficasse próxima do corpo, a pessoa podia correr, andar, viajar, subir ou trabalhar de modo que a roupa não atrapalhasse nem os pés nem as mãos.

Existe um exemplo ótimo do Novo Testamento, do qual todos nós lembramos. João Batista se apresentou para o seu ministério usando uma túnica incômoda feita de pelo de camelo. Ele era um homem de grande atividade, mas era pobre. Conta-se que ele prendia sua roupa com um cinturão de couro. Os ricos e afluentes podiam usar cintos e cinturões mais caros e mais elaborados, mas eles cumpriam a mesma função — dar liberdade aos pés e às mãos para a caminhada necessária e para as atividades diárias.

Pedro diz aos crentes que eles devem cingir os lombos de sua mente.

Tenho certeza de quem ninguém imagina que a nossa mente não faça parte da nossa vida interior.

Vamos lidar com este princípio até onde se relaciona com o homem natural, pessoas que não são convertidas, filhos e filhas de Adão e Eva.

Em geral, o homem natural que nasceu e cresceu neste mundo, independentemente do seu nível ou local, formação ou posses, será por natureza indiferente, descuidado e desorganizado em sua vida interior.

O modo de vida popular e aceito não é seguido pelo homem mediano porque ele ache que tudo se resume a ele, mas porque ele realmente nem pensa a respeito disso.

Até mesmo o pecador, quando ele realmente se dedica a pensamentos sérios, se rebelará contra a tirania dos métodos populares e aceitos. Tem havido muitos homens incrédulos por toda a história que se rebelaram contra os métodos e as maneiras da época em que viveram. Admiro a independência de espírito nos homens, porque é necessário pensar de forma séria para se levantar e recusar a se inclinar e se ajoelhar, mas o homem médio não se dará a esse tipo de pensamento rigoroso.

O homem médio só pensa sobre coisas mesquinhas: Será que ainda sobrou tempo de estacionamento para o meu carro? Quem ganhará a Copa do Mundo? Quanto dinheiro ganharei com este negócio?

Ele não se dedica a pensar sobre as coisas relacionadas ao caráter, que buscam tratar da sua vida interior. Ele deixa tudo na superficialidade da sua vida — esse é o tipo de pecador sobre o qual estou falando.

O pecador é descuidado, desorganizado e indiferente, exceto para a área que ele tem que apertar o cinto. Ele pode ser especialista em alguma área — matemática, ciências, indústria ou negócios — e no seu campo ele é forçado a pensar de uma forma mais cuidadosa, mas esse pensamento não chega ao nível moral. Não é o tipo de pensamento que lidará com sua vida interior ou com a sua conduta.

A vida do homem médio não possui amarras e vive em farrapos com os dois lados bem frouxos, embora ele esteja pensando e se aplicando em sua própria área de especialização. Ele nunca aprendeu a articular a verdade e depois definir a aplicação pessoal necessária para suas próprias necessidades, padrões, enfim, para si mesmo.

Pedro afirma que são os homens convertidos, nascidos de novo, que devem cingir os lombos de seu entendimento.

Não acredito que erraremos na interpretação de Pedro se deduzirmos que ele esperava que essa fosse uma das primeiras coisas que devemos fazer depois de nos convertermos a Jesus — cingir a mente e se sensibilizar para os valores eternos.

Havia dois aspectos da figura de linguagem de cingir os lombos no Antigo Testamento. O primeiro era a preparação para trabalhar e se dedicar sem nenhum impedimento, e o segundo era a prontidão para sair de casa e viajar. Pedro e Paulo usam essa expressão ao fazer um apelo no sentido da preparação espiritual e da prontidão ao escrever aos cristãos do Novo Testamento.

É somente depois que nós nos entregamos a Jesus Cristo e passamos a segui-lo que começamos a nos preocupar com a ociosidade e a falta de reflexão na nossa vida diária. Começamos a sofrer com o modo pelo qual estamos vivendo e passamos a ter certeza de que a falta de objetivo, a futilidade e o descuido na nossa caminhada cristã parecem ser intermináveis.

Sou forçado a admitir que uma das coisas mais difíceis de entender e tentar criar sentido é a completa falta de rumo na vida de tantos cristãos.

Com certeza, essas pessoas não possuem nenhum alvo, então, de qualquer modo, se elas acertarem, elas nem mesmo terão ideia de que isso aconteceu. Boa parte da sua vida está solta. Eles não estão cingidos.

Talvez a pior parte dessa situação entre nós é o fato de que tantas irmãs e irmãos possuem dons, talentos e capacidades incomuns, mas nunca se exercitaram nessa disciplina de cingir a mente e o potencial espiritual para chegar ao progresso necessário na vida cristã.

Por que um pastor deve reconhecer fracasso total ano após ano? Porque ele tem que ir de uma igreja a outra, começando alguma obra, tentando fazer algo novo — somente para admitir o fracasso novamente?

Acho que ele nunca cingiu suas roupas. Ele possui algumas habilidades, mas elas não estão disciplinadas. Ele possui uma mente ótima, mas ela não está cingida. Ele é como um homem com um violino Stradivarius que nunca foi afinado. Ele nunca separou tempo suficiente para se sentar e afinar esse instrumento de valor inestimável, portanto não consegue obter nenhuma melodia nem nenhuma harmonia dele.

Todos os cristãos têm que ser sóbrios e reflexivos quanto a essa situação de descuido e frouxidão. Qual será a avaliação que será feita a respeito da nossa vida cristã daqui a vinte anos, quanto à nossa maturidade e o nosso crescimento e progresso espiritual? Será que as pessoas dirão de nós: "Ele é a mesma pessoa — só está um pouco mais cheio, careca, pesado — mas não progrediu muito na sua vida interior ou espiritual. Ele não conseguiu crescer nem amadurecer porque ele nunca aprendeu a disciplina de cingir a mente".

Eu acredito plenamente que a expectativa de Pedro era de que a preguiça, o descuido e a falta de objetivo na vida seriam todas rejeitadas e esquecidas pelo crente que passou a assumir uma seriedade em seu pensamento.

O que isso tem a dizer ao cristão médio que se recusa a pensar sobre esses aspectos porque eles lidam com sua vida moral e espiritual?

Estou pensando aqui no cristão médio que conheço. Ele está disposto a fazer alguma atividade de meditação breve, mas só o suficiente para desencargo de consciência, e depois volta a sua vida sem rumo. Nas questões espirituais, ele é levado em redor como folha no vento, movido pelas circunstâncias da vida.

Ele não sabe o que significa navegar em uma rota direta para Deus, como um navio a caminho do porto.

Temos sido ensinados teologicamente a justificar esse tipo de vida cristã com base na fraqueza e na debilidade, e dizemos a nós mesmos que isso não se trata de algo realmente pecaminoso. Pessoalmente, acho que existe alguma espécie de limite para o tempo que os crentes podem continuar seus hábitos egoístas e dispersos da vida sem que cometam pecado.

Na verdade, acho que podemos chegar a um nível de desperdício tão grande dos nossos talentos, de descuido com o nosso tempo e de falta de foco com nossas atividades a ponto de termos necessidade de sermos confrontados com o fato do pecado em nossa vida — porque sabemos o que devemos ser e fazer, mas, em vez disso, nos viciamos em dar desculpas pelos nossos fracassos.

O livro de Provérbios nos conta a respeito do homem que se deita na cama, se reclinando como uma porta em suas dobradiças, enquanto as ervas daninhas crescem no jardim, sufocando e matando suas plantações. Depois, quando chega a época da colheita, ele fica sem nada e é forçado a mendigar, clamando por assistência.

Ora, ficar na cama enquanto devia estar cultivando seu jardim pode não ser extremamente pecaminoso — mas acho que não há como negar que uma pessoa preguiçosa de propósito está pecando.

Deduzimos então, a meu ver, que uma pessoa que é preguiçosa intelectualmente também peca. Deus tem uma razão para nos conceder uma mente com a capacidade intelectual de pensar, seguir um raciocínio e refletir. Entretanto, como é grande a multidão de pessoas que se recusam a usar a cabeça, e temos que confessar que boa parte dela é composta de cristãos.

Muitos pregadores gostariam de desafiar a capacidade reflexiva e intelectual de sua congregação, mas são alertados para não pregarem acima do nível de compreensão à qual ela está acostumada.

Então me pergunto: "Para que serve a mente das pessoas? Pelo simples fato de que o Deus Altíssimo lhes concedeu uma cabeça, acho que elas têm o dever de fazer um bom uso dessa parte do corpo.

Já que sou pregador, nego veementemente que as verdades de Deus que ensino não possam ser alcançadas pela mente das pessoas. Isso não procede!

Minha pregação pode entrar por um ouvido e sair pelo outro se não houver nada que impeça, mas não prego verdades que são de difícil compreensão. Precisamos começar a usar a cabeça. Irmão, minha sugestão é que faça o seguinte: pegue sua cabeça, passe um pouco de óleo, tire a ferrugem e comece a usá-la como Deus sempre quis. Deus espera que você entenda e tenha uma forte compreensão de sua verdade porque ela é necessária para o seu cotidiano.

Estou lendo as obras de Nicholas Herman, o irmão piedoso a quem conhecemos mais como "irmão Lawrence". Ele recomenda que os crentes devem alimentar seu coração dos pensamentos nobres e sublimes de Deus. A questão envolve o nosso uso diário de nossa mente e pensamentos — as revistas sensacionalistas, as novelas e as histórias questionáveis sempre nos impedirão de alimentar nosso coração com os pensamentos nobres de Deus.

O Espírito Santo nos conhece muito bem e nos faz cumprir a exortação de cingir a mente, subir os nossos padrões espirituais e eliminar o descuido em palavras, pensamentos, obras, atividades e interesse.

Agora, pensemos sobre o que Pedro tinha em mente quando acrescentou as palavras "sede sóbrios" à disciplina do pensamento correto.

A sobriedade é aquela atitude mental do ser humano quando a razão calma está no controle. A mente fica equilibrada, fria e os sentimentos se sujeitam à razão, e esse mandamento de Pedro se constitui em prova suficiente para mim que o Espírito Santo nunca fará nenhum apelo veemente ao crente para qualquer tipo de experiência espiritual que viole e destrone a razão.

Todos nós conhecemos exemplos de casos em que homens e mulheres participaram de atos insensatos e inadequados e depois justificaram dizendo que tinham sido guiados pelo Espírito Santo.

Para ser sincero, tenho minhas reservas quanto a isso. Duvido que o Espírito Santo aja de modo que deponha a razão na mente do homem.

Com relação à minha vida pessoal e espiritual, tenho que testificar que os momentos mais sublimes, excelsos de contemplação divina pelos quais passei foram tão calmos que seria possível escrever a respeito deles, tão pacíficos que poderia falar sobre eles e analisá-los.

Acredito piamente que a razão humana, quando é abençoada, estimulada e iluminada pelo amor de Deus, tem que sempre estar no controle.

Pense sobre o retrato totalmente oposto, o da embriaguez. Se você passar pelo bar da esquina, provavelmente encontrará alguém se arrastando para fora desse bar, bêbado a ponto de ter destronado a razão e perdido completamente o juízo.

Alguém chamou a bebida há muito tempo de "uma perdição líquida" e escreveu sobre o homem que abre a boca e bebe algo que "lhe faz perder a cabeça". Na verdade, as emoções perdem totalmente o controle — é isso que acontece com a pessoa que se embriaga.

Esse homem fica fora de si — e o primeiro sinal é que ele fica feliz demais e extremamente falante. Depois se torna afetuoso e geralmente com pessoas que conheceu há menos de uma hora.

Ele talvez fique triste depois, e, devido ao fato de que suas emoções estão descontroladas, ele quer contar ao barman e a todos que estão em volta que a sua esposa não o entende e que a sua família não gosta dele.

É isso que a bebida alcoólica faz com muitas pessoas insensatas, fracas e descuidadas nos dias de hoje; ela rouba deles todo o controle de suas emoções e todo o seu juízo. A maioria deles fica cheia de remorso, de embaraço e de vergonha na manhã seguinte, mas se recusam a cingir o entendimento, portanto essa fraqueza passa a ser um vício.

O apóstolo Paulo concorda com Pedro nessa abordagem de seriedade no raciocínio no uso de nossas faculdades mentais debaixo da orientação e da bênção do Espírito Santo. Ele escreveu à igreja de Éfeso com um alerta para que se use de sabedoria no entendimento da vontade de Deus, e aconselhou o seguinte:

"E não vos embriagueis com vinho, no qual há dissolução, mas enchei-vos do Espírito,

"Falando entre vós com salmos, entoando e louvando de coração ao Senhor com hinos e cânticos espirituais,

"Dando sempre graças por tudo a nosso Deus e Pai, em nome de nosso Senhor Jesus Cristo".

Logo, Pedro e Paulo se juntam em um apelo para que pratiquemos e demonstremos os frutos mais nobres do Espírito de Deus, tendo esse mesmo Espírito como aquele que controla as nossas emoções, os nossos afetos, o nosso culto e o nosso louvor.

É isso mesmo, irmãos, o Espírito Santo fará com que o filho de Deus que crê em Cristo seja generoso, mas Ele nunca fará dele uma pessoa insensata! Ele o fará uma pessoa feliz, mas nunca fará dele um tolo! O Espírito aquecerá a vida íntima do cristão, mas nunca o levará a fazer coisas que o façam se envergonhar posteriormente.

Eu digo "graças a Deus!" por causa da alegria permanente que é despertada no crente cuja vida emocional está debaixo do controle do Espírito Santo. Eu me posiciono com o filho de Deus amado cuja razão é santificada e que se recusa a se afastar da orientação da Palavra de Deus tanto pelas modas populares mais recentes no meio religioso quanto pelo surgimento das celebridades mais recentes no meio evangélico.

O filho de Deus não será vencido pelo medo, nem pelo sentimento, nem pelo amor de nada desta terra; ele está no nível das estrelas!

Refiro-me ao jovem marinheiro que foi encarregado de cuidar do leme do navio.

Perguntaram a ele: "Está vendo aquela estrela brilhando no céu? É só manter esta estrela um pouco a bombordo na proa e você se manterá na rota".

Mas, quando o capitão voltou, o marinheiro tinha se distanciado bastante da rota.

Ao que o capitão lhe perguntou: "Por que você não manteve a rota na direção daquela estrela?".

Ele respondeu: "Ah, já faz algumas milhas que deixei aquela estrela para trás".

Bem, ele perdeu a estrela dele, e algumas pessoas dentro do povo de Deus em nossas igrejas estão perdendo a paciência com a nossa instrução, pela graça de Deus, de navegar com sua estrela bem à nossa frente.

Confesso que não temos tanta fama nem popularidade, não pregamos para grandes multidões nem nunca parece que temos muito dinheiro sobrando, mas olhamos para o futuro com esperança. No fim das contas, será algo bem precioso saber que quando as mentes dos homens estavam todas em desordem e na maior estafa, nós conseguimos cingir o lombo do nosso entendimento com a ajuda de nosso Senhor Jesus Cristo.

Estamos longe de ser sonhadores cristãos nos envolvendo em um pensamento positivo inútil. Sabemos quem somos e a quem pertencemos, e sabemos para onde vamos. Nossa visão olha para o futuro com esperança e com certeza estamos entre aqueles que Paulo descreve ao escrever para a igreja de Tessalônica:

> Assim, pois, não durmamos como os demais; pelo contrário, vigiemos e sejamos sóbrios. Ora, os que dormem, dormem de noite, e os que se embriagam é de noite que se embriagam.
>
> Nós, porém, que somos do dia, sejamos sóbrios, revestindo-nos da couraça da fé e do amor e tomando como capacete a esperança da salvação, porque Deus não nos destinou para a ira, mas para alcançar a salvação mediante nosso Senhor Jesus Cristo".

Amém! Ansiamos muito tudo isso porque o próprio Deus declarou essas coisas pelo seu Espírito, e Ele não pode mentir!

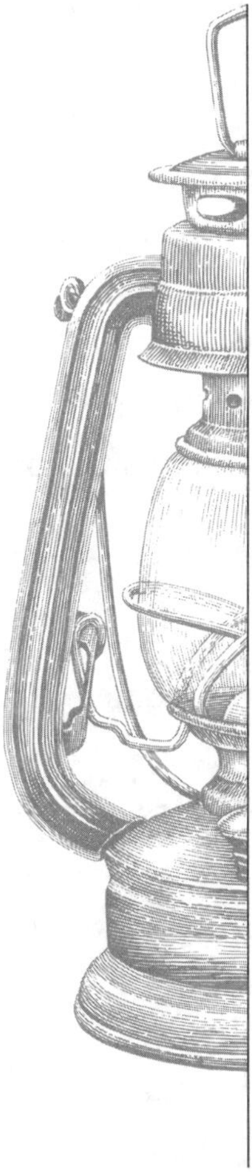

11

Uma contradição feliz: *a alegria nas tribulações*

Nisso exultais, embora... sejais contristados por várias provações.

1Pedro 1:6

SEMPRE SENTI COMPAIXÃO PELOS HOMENS e mulheres cristãos que parecem ter diploma de pessimismo, olhando sempre para o lado triste e sombrio das coisas, sem ter nunca a capacidade de lidar com os problemas da vida, se limitando a reclamar sobre eles!

Com frequência encontro pessoas assim, e, quando isso acontece, ponho-me a pensar: "Será que essas pessoas leem a mesma Bíblia que eu?".

O apóstolo Pedro escreveu para crentes que estavam sendo tentados e que passavam por dias de sofrimento e perseguição e observou dando graças a Deus que eles se alegravam porque consideravam as promessas e a provisão de Deus maiores do que as tribulações pelas quais passavam. Eles buscavam um estado futuro de coisas que seria bem melhor do que qualquer situação atual nesta terra.

Ora, eu sei que em qualquer situação eclesiástica é possível encontrar cristãos que se dedicam a dar um destaque equivocado a um desses dois extremos que passarei a abordar.

Em primeiro lugar, sempre existem aqueles que são levados completamente pela esperança do céu. Eles se contentam em se aproximar com o apelo espiritual de vir no presente para esperar a festa no futuro.

Nas questões espirituais, eles são bem parecidos com o garotinho cuja mãe diz: "Joãozinho, pegue esse pão com manteiga. Nós só comeremos daqui a uma hora".

Joãozinho provavelmente tem um apetite voraz, mas nesse momento ele é forçado para conter sua fome até que o jantar finalmente fique pronto.

Alguns cristãos parecem se satisfazer em prosseguir sem comer nem uma fatia — se limitam a comer somente uma migalha! Eles estão colocando todo o seu destaque na festa vindoura na glória.

Mas, por outro lado, existem aqueles que cometem o erro de colocar todo o destaque no "aqui e agora", pensando muito pouco no mundo vindouro.

Tenho certeza de que isso leva a fazermos a pergunta seguinte: "Então, qual é o destaque correto?".

A coisa certa a fazer equivale a dar destaque naquilo que Deus dá — e acho que se trata do destaque de que existem algumas coisas para se fazer agora e que há outras que não é possível obter no momento.

Afirmo que o Senhor espera que o seu povo estude a Bíblia de forma íntegra e sincera para que não seja culpado nem de deixar de desfrutar de tudo o que é prometido para nós agora, nem de exigir no presente o que é prometido como um benefício posterior. Existiria muito menos conflito entre os crentes e muito menos pressão nervosa e incompreensão se estudássemos a Bíblia com esse pensamento.

Na verdade, não existe nenhuma promessa de nada parecido com a perfeição absoluta no presente. A perfeição agora é relativa, e Deus ainda não completou sua obra de fato em nós.

A perfeição absoluta é para época em que os filhos de Deus se manifestarão e a plenitude espera pelo tempo que olharmos para o Filho e nos tornarmos filhos maduros de fato. Pedro disse que os cristãos perseguidos e os cristãos que sofriam na sua época olhavam para um estado de coisas imensuravelmente melhor do que o que eles conheciam, e que esse estado de coisas seria perfeito e completo.

Ah, que grandes mudanças acontecerão quando chegarmos a esse tempo de plenitude perfeita e de perfeição completa!

A própria terra e toda a natureza ao nosso redor revelará as bençãos da perfeição de Deus nesse tempo vindouro.

O apóstolo Paulo, falando como homem de Deus, tenta nos contar como a esfera da natureza será transformada, na epístola aos Romanos:

"Porque para mim tenho por certo que os sofrimentos do tempo presente não podem ser comparados com a glória a ser revelada em nós.

A ardente expectativa da criação aguarda a revelação dos filhos de Deus.

Pois a criação está sujeita à vaidade, não voluntariamente, mas por causa daquele que a sujeitou,

na esperança de que a própria criação será redimida do cativeiro da corrupção, para a liberdade da glória dos filhos de Deus.

Porque sabemos que toda a criação, a um só tempo, geme e suporta angústias até agora.

E não somente ela, mas também nós, que temos as primícias do Espírito, igualmente gememos em nosso íntimo, aguardando a adoção de filhos, a redenção do nosso corpo".

Paulo está tentando esclarecer para nós que a humanidade está tão vinculada com a terra que, quando o Senhor vier em triunfo para glorificar a humanidade, ele também glorificará a terra e a natureza. Ele afirma que a terra e a natureza participarão dessa glória juntamente com os filhos de Deus que anteriormente tinham sido filhos de Adão, mas agora são filhos do Rei.

Essa velha terra, do modo como a conhecemos, passou de fato por um colapso juntamente com os filhos de Adão quando todos passamos pela queda. As enchentes, os tufões, os terremotos os tornados e os tsunamis são todos frutos do estado distorcido da natureza decaída. A doença e a insanidade, além de todas as nossas fraquezas na carne, podem ser atribuídas a esse estado decaído de coisas, porque ainda fazemos parte de maneira bem próxima da terra e da natureza.

O homem e o seu lar — esta terra — são bem parecidos e, por isso, Deus remirá a terra remindo as pessoas. Quando Ele vier glorificar a humanidade redimida, Ele também permitirá que essa glorificação transborde e se espalhe por toda a terra.

Isso também quer dizer que as grandes mudanças na sociedade humana serão realizadas nesse dia de integridade e perfeição.

Poderíamos ler o Antigo Testamento por horas, observando as citações que anseiam por esse dia em que a terra será cheia do conhecimento do Senhor, tomando como exemplo o modo pelo qual as águas cobrem o mar.

Haverá uma espécie de sociedade humana que ainda não conhecemos. Não haverá mais grandes problemas entre a administração e a classe trabalhadora e entre senhorios e locatários porque "nenhum homem construirá para que outra pessoa habite".

Não haverá necessidade para tetos de aluguel e controles de preços. Não haverá necessidade de as pessoas morarem em cortiços infestados de ratos porque tudo pertencerá a Deus e todos terão sua própria terra e morarão em uma casa própria.

Não haverá problemas relacionados ao trabalho e o seu cansaço porque não se plantará para que outro colha, mas cada um colherá do que plantou. Deus cuidará para que a terra seja cheia do conhecimento do Senhor.

Os crentes filhos de Deus devem ter uma perspectiva otimista quanto aos planos futuros de Deus para esta terra para a sociedade humana, com base nas realidades expressas nas Escrituras proféticas. Não podemos aceitar as previsões terríveis de destruição da parte do homem, que variam desde o choque da terra com o sol até a destruição pelo choque com um cometa fujão, que leva a terra a um destino terrível.

Devido ao fato de sermos cristãos e estudarmos a Palavra de Deus, cremos que esta terra ainda será a casa de um povo remido e de uma sociedade transformada que reconhecerá o seu senhorio.

Além disso, para os crentes, trata-se de um comentário mais pessoal aprender com a Bíblia que o grande dia de perfeição e de alegria trará grandes mudanças, alterando o nosso corpo, a nossa mente e a nossa alma.

O apóstolo João falou claramente aos crentes quando escreveu:

> Amados, agora, somos filhos de Deus, e ainda não se manifestou o que haveremos de ser. Sabemos que, quando Ele se manifestar, seremos semelhantes a Ele, porque haveremos de vê-lo como Ele é.

Então o apóstolo Paulo, apesar das imperfeições da linguagem humana, deu aos crentes de Corinto a descrição inspirada por Deus das grandes mudanças que serão realizadas no corpo dos crentes filhos de Deus nesse grande dia de revelação e transformação: "Mas alguém dirá: Como ressuscitam os mortos? E em que corpo vêm?"

A essa altura, Paulo não estava tendo tanta paciência com as perguntas como deveria. Ele respondeu:

> Insensato! O que semeias não nasce, se primeiro não morrer; e, quando semeias, não

semeias o corpo que há de ser, mas o simples grão, como de trigo ou de qualquer outra semente. Mas Deus lhe dá corpo como lhe aprouve dar e a cada uma das sementes, o seu corpo apropriado. Nem toda carne é a mesma; porém uma é a carne dos homens, outra, a dos animais, outra, a das aves, e outra, a dos peixes. Também há corpos celestiais e corpos terrestres; e, sem dúvida, uma é a glória dos celestiais, e outra, a dos terrestres. Uma é a glória do sol, outra, a glória da lua, e outra, a das estrelas; porque até entre estrela e estrela há diferenças de esplendor.

Pois assim também é a ressurreição dos mortos. Semeia-se o corpo na corrupção, ressuscita na incorrupção. Semeia-se em desonra, ressuscita em glória. Semeia-se em fraqueza, ressuscita em poder.

Semeia-se corpo natural, ressuscita corpo espiritual. Se há corpo natural, há também corpo espiritual. Pois assim está escrito: O primeiro homem, Adão, foi feito alma vivente. O último Adão, porém, é espírito vivificante.

Mas não é primeiro o espiritual, e sim o natural; depois, o espiritual. O primeiro homem, formado da terra, é terreno; o segundo homem é do céu. Como foi o primeiro homem, o terreno, tais são também os demais homens terrenos; e,

> como é o homem celestial, tais também os celestiais. E, assim como trouxemos a imagem do que é terreno, devemos trazer também a imagem do celestial.

Essas são algumas das razões pelas quais se pode esperar que os crentes, seja na era apostólica seja no nosso tempo, tenham uma perspectiva otimista e alegre, esperando por essa salvação que será revelada no último tempo e se envolvendo em uma grande alegria enquanto aguardam tudo isso.

Essa observação sobre a alegria fica bem clara por toda a Bíblia e no Novo Testamento ela soa como um sino de prata.

A vida do crente filho de Deus normal nunca se torna uma vida de tristeza e de pessimismo. Em todas as épocas, teremos algumas pessoas cujo conceito de cristianismo se constitui em um tipo de resignação sombria ao inevitável, mas é o Espírito Santo que prometeu dar a capacidade ao cristão de se alegrar a cada dia com as promessas de Deus.

Com certeza, o crente possui uma mente séria e tem a sensibilidade de chorar com os que choram. Mas ele é centrado, otimista e possui uma esperança alegre porque ele está olhando para aquele estado transformado de coisas que é bem maior do que qualquer coisa que este mundo tem a oferecer.

Pedro afirma isso como um paradoxo: o cristão obediente se alegra imensamente em meio às maiores dificuldades, tribulações e sofrimentos. O povo de Deus sabe que as coisas aqui não são como deveriam, mas não perde tempo se preocupando com elas. Ele está bastante ocupado se alegrando no futuro gracioso de todos que se realizará quando Deus cumprir todas as suas promessas para seus filhos remidos.

Isso nos leva diretamente a um resumo das contradições gloriosas que fazem da vida de cristão um enigma para a pessoa do mundo. Temos que admitir que o cristão verdadeiro se constitui em alguém bem estranho aos olhos do incrédulo.

Eu não uso o adjetivo *verdadeiro* com relação ao cristão somente para indicar a necessidade do novo nascimento, mas também para apontar o cristão que está vivendo de acordo com esse novo nascimento. Estou falando aqui a respeito de uma vida transformada que agrada a Deus, porque se você quiser ser cristão, terá que concordar com uma vida bem diferente. A vida de obediência a Jesus Cristo implica em viver a cada momento no Espírito de Deus e será tão diferente de sua vida anterior que geralmente será considerada algo estranho. Na verdade, a vida no Espírito é tão diferente que algumas pessoas que conviviam com você provavelmente comentarão se você está ou não sofrendo de uma perturbação mental. O cristão verdadeiro pode realmente parecer uma pessoa estranha para aqueles que tecem suas observações somente a partir do ponto de vista deste presente século que está alienado de Deus e do seu plano gracioso de salvação.

Reflita agora sobre essas contradições gloriosas e você não pensará mais a respeito da razão pela qual o crente verdadeiro em Jesus espanta tanto este mundo.

O cristão está morto, mas, mesmo assim, vive para sempre. Ele morreu para si mesmo e ainda vive em Cristo.

A razão pela qual ele vive é por causa da morte de outra pessoa.

O cristão salva sua própria vida perdendo-a e ele se arrisca a perdê-la quando tenta salvá-la.

Trata-se de algo interessante que quando ele quer se levantar, o cristão sempre começa de baixo, porque o caminho de Deus para cima sempre é o quebrantamento, apesar de isso ser contrário ao senso comum. Ele também contraria a sabedoria deste mundo, porque as loucuras de Deus são mais sábias do que qualquer coisa nesse mundo.

Vocês também podem notar sobre o cristão verdadeiro que, quando ele quer pecar, ele sempre desiste. Em vez de insistir e adiar a questão, ele abre mão em favor de terceiros e vence sem dar nenhum tiro, muito menos se ferir. Ele se entrega a Deus e prevalece sobre tudo o mais.

Outra coisa estranha sobre ele é que ele se fortalece quando se acha mais fraco e enfraquece quando se acha mais forte. Trata-se de um princípio de Deus na sua vida que a sua verdadeira força se encontra em sua fraqueza, porque quando ele se levanta achando que está forte, ele sempre está fraco. No entanto, quando ele cai de joelhos pensando que está fraco, é aí que ele está forte.

Repito que ele pode ser pobre — e, se ele é um cristão verdadeiro, ele geralmente se encontrará nessa situação — e mesmo assim ele sempre enriquecerá aos outros. Paulo era um homem pobre na prisão, mas ele enriqueceu todo o mundo cristão de forma imensurável. John Bunyan vivia na pobreza na prisão de Bedford, mas ele nos deu o livro *O peregrino*.

Pode-se percorrer toda a linha do tempo da história para se perceber que o cristão rico geralmente era pobre e o cristão pobre enriquecia a todos.

O homem que é um verdadeiro cristão está no seu melhor momento quando se sente o mais por baixo possível e ele está no seu pior momento quando se sente o máximo. Ele se acha mais seguro quando teme e confia em Deus, e passa pelos maiores perigos quando se sente a pessoa mais autoconfiante possível.

Ele peca menos quando se sente o maior dos pecadores e ele é o maior dos pecadores quando ele sente que peca menos.

Realmente esse tal de cristão é uma pessoa bem estranha! Ele tem o máximo quando doa o máximo de si, e tem menos quando guarda o máximo que pode. Isso se opõe ao senso comum deste mundo e é por isso que somos considerados um grupo diferente de pessoas — mas eles não nos conhecem!

Quando eles tentam nos entender, eles não conseguem ter uma noção exata.

Alguém pode dizer: "Bem, estou disposto a ir à igreja no Natal e no Dia das Mães, mas não consigo entender esse fanático estranho que parece ter o máximo quando dá o máximo de si.

Ele nunca discerniu o princípio divino da bênção dos nove décimos que o cristão tem para si mesmo, de modo que acaba valendo mais do que os dez décimos sem nenhuma provisão divina para as suas necessidades nem para a obra de Deus.

Falarei agora sobre algo estranho a respeito do crente. Às vezes, ele está fazendo o máximo quando não faz nada. Muitas vezes, para realizar alguma coisa, Deus o chama para o lado e diz: "Fique sentado logo ali". Às vezes, ele anda bem mais rápido quando fica parado, porque, pela fé, ele ouve o seguinte sussurro: "Aquiete-se e veja a salvação do Senhor!".

Um dos princípios mais importantes na vida diária do cristão é este: ele é salvo agora e está pronto a declarar isso com todas as letras, mas, mesmo assim, ele espera ser salvo posteriormente. Ele está sempre procurando por uma salvação pronta a se revelar no último tempo.

Precisamos observar isso, porque alguém com certeza pode dizer: "Decida-se! Essa pessoa já é salva ou está antecipando a sua salvação?".

Eu não tenho que decidir; eu já sei a resposta!

É claro que ele já é salvo; mas ele também está buscando ser salvo. Agora ele tem vida, mas ele também está buscando a perfeição a ser revelada no plano futuro de Deus. Ora, não dá para explicar isso ao seu vizinho; ele simplesmente destacará o fato de que isso faz parte do seu fanatismo religioso estranho. Ele não entende que você é um cristão verdadeiro.

O mundo também nunca entenderá a nossa insistência de que o cristão nascido nesta terra na verdade é cidadão de outro país que ainda não visitou. Ele nasceu na terra, mas, mesmo assim, sabe pela fé que é cidadão do céu.

A Bíblia nos conta de forma bem clara que enquanto caminhamos nesta terra estamos assentados nos lugares celestiais em Cristo Jesus Nosso Senhor — e isso não se refere ao culto de oração do meio da semana. Isso indica que pela fé e pela nossa posição espiritual em Cristo estamos assentados nos lugares celestiais.

O crente sabe que, em si mesmo, ele não é nada, mas mesmo enquanto ele está dizendo isso de forma humilde para o Senhor, ele sabe muito bem que é a menina de seus olhos.

Alguns de nossos críticos dizem: Vocês, cristãos, falam sobre si mesmos e sobre a sua relação com Deus como se vocês fossem os queridinhos dele".

Eu também tenho uma boa resposta para isso também. O próprio cristão que crê que ele é menina dos olhos de Deus é o mesmo cristão altruísta que está doando seu dinheiro de forma sacrificial, enviando seus filhos e filhas, ou ele ou ela mesmo para pregar o evangelho para os povos mais distantes da terra.

Por fim, o bom cristão está apaixonado por alguém que nunca viu, e, embora ele tema e reverencie a Deus, ele não tem nenhum medo dele.

Muitos filósofos e poetas articularam de forma completamente equivocada e enganosa quando tentaram aconselhar as pessoas a não ter medo de Deus porque Ele é um bom companheiro e tudo irá bem em suas vidas.

O cristão verdadeiro reverencia a Deus com temor e tremor, e, mesmo assim, ele não tem medo de Deus. Ele se aproxima de Deus com inteira certeza de fé e de vitória e, ao mesmo tempo, treme com um temor e uma reverência santa.

Temer e ainda se aproximar — essa é a atitude da fé e de amor, que, mesmo assim, a controvérsia santa classifica o que faz isso como fanático, também.

Nos dias de hoje, do mesmo modo que em todos os séculos, os cristãos verdadeiros se constituem em um enigma para o mundo, um espinho na carne de Adão, um mistério para os anjos, o prazer de Deus e a habitação do Espírito Santo.

Nossa comunhão deve envolver todos os filhos verdadeiros de Deus, independentemente de quem sejam, de onde estão, e o que fazem, desde que eles sejam lavados no sangue de Jesus, nascidos do Espírito, andando com Deus Pai, regenerados para uma esperança viva por meio da ressurreição de Jesus e se alegrando na salvação a ser revelada.

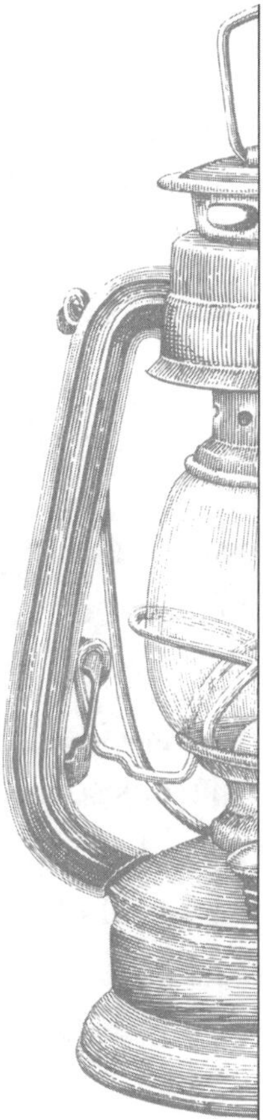

12

Uma certeza bíblica: *a segunda vinda de Cristo*

[...] redunde em louvor, glória e honra na revelação de Jesus Cristo.

1Pedro 1:7

Você está pronto para a revelação de Jesus Cristo, ou você está entre aqueles que só esboçam certa curiosidade sobre a sua vinda?

Deixe-me avisá-lo que muitos pregadores e ensinadores da Bíblia prestarão contas diante de Deus em um dia desses por incentivar as especulações curiosas sobre a vinda de Jesus, sem destacar a necessidade de "amar a sua vinda".

A Bíblia não aprova essa curiosidade moderna que brinca com as Escrituras e busca somente impressionar o público crédulo e ingênuo com o conhecimento profético "incrível" possuído pelo irmão que está pregando ou ensinando.

Não consigo me lembrar de nenhuma passagem no Novo Testamento em particular que fale da revelação de Cristo, ou da sua manifestação, aparição ou vinda que não seja diretamente ligada à conduta moral, à fé e a santidade espiritual.

A segunda vinda de Jesus à terra não se trata de um evento sobre o qual podemos fazer especulações curiosas — e, quando fazemos isso, estamos pecando.

O mestre profético que se envolve em especulações para despertar a curiosidade daqueles que o ouvem sem lhes proporcionar uma aplicação moral está pecando até mesmo enquanto prega.

Já se propuseram tantas fórmulas tolas sobre a vinda de Jesus por gente simplesmente curiosa que muitos crentes nem mesmo pensam nem se interessam por esse assunto. Mas Pedro disse para que esperássemos "a revelação de Jesus Cristo". Paulo disse que há uma coroa de justiça aguardando na glória para aqueles que amam a sua vinda. João falou sobre essa esperança de ver Jesus e escreveu de forma bem franca: "E a si mesmo se purifica todo o que nele tem esta esperança, assim como ele é puro".

Pedro vinculou o teste da nossa fé com a vinda de Jesus quando ele escreveu sobre "... o valor da vossa fé, muito mais preciosa do que o ouro perecível, mesmo apurado por fogo, redunde em louvor, glória e honra na revelação de Jesus Cristo".

Pense que a *revelação* de Cristo neste texto é uma palavra que expressa uma ideia — a ideia de tanta importância para a vida e para a teologia cristãs que não ousamos que ela passe despercebida.

Essa palavra aparece frequentemente na Bíblia com referência a Jesus, e possui várias formas — como *revelar, revelou, manifestar*. A palavra original a partir da qual nossas versões a traduzem desta maneira possui cerca de sete formas diferentes na língua grega.

Entretanto, neste contexto, estamos interessados somente na palavra *revelação* em seu uso profético. De forma inquestionável, esse é o modo pelo qual Pedro a usou nessa passagem. Entre essas sete formas no grego existem três palavras em particular que todos indicam claramente que significa o seguinte: "manifestar", "brilhar sobre", "demonstrar", "tornar-se visível", "uma divulgação", "uma vinda", "uma manifestação", "uma revelação".

Eu indico isso porque Pedro também escreveu que os cristãos devem cingir "o vosso entendimento, sede sóbrios e esperai inteiramente na graça que vos está sendo trazida na revelação de Jesus Cristo".

Alguns de vocês podem ter a vontade de fazer alguma pergunta aos tradutores, mas todos eles já morreram! A pergunta poderia muito bem ser a seguinte: "Por que a forma parecida da palavra original é traduzida em um caso como *revelação* e em outro como *aparição* de Jesus Cristo?".

Pode haver alguma nuance de significado bem suave que eles sentiam que devia ser expressa por uma palavra e não pela outra, mas podemos aceitar como verdade que essas palavras são usadas de forma intercambiável na Bíblia.

Não precisamos nos deter neste ponto, e na verdade algumas pessoas têm dificuldades com a Bíblia porque se esforçam demais! O Senhor nunca esperou que forçássemos demais a barra e pressionássemos para termos ao final a elaboração de alguma fórmula ou alguma exposição doutrinária das nuances de sentido de alguma palavra em particular.

Algumas seitas fazem isso. Existem seitas proféticas cuja ideia e esquema proféticos se baseiam nas palavras *revelação, aparição, manifestação* ou *divulgação*. Os seus líderes escrevem páginas e páginas e livros e livros sobre a diferença entre uma acepção da palavra e a outra.

Só é possível dizer que aprendi o seguinte, depois de muito tempo estudando sobre o assunto — se essa seita é forçada a elaborar demais alguma palavra para demonstrar o que pensa, descarte-a e nem leve mais em conta.

Se essa seita é obviamente uma seita sem base no fluxo histórico do cristianismo e sem posição nenhuma no longo corredor da verdade aprovada por ele tenta elaborar muita coisa com base na acepção de alguma palavra, pode ignorar.

Sabe por que eu digo isso?

Porque a Bíblia é o livro mais fácil de entender no mundo — um dos mais fáceis para a mente espiritual, mas um dos mais difíceis para a mente carnal. Não darei atenção a aqueles que acham necessário forçar um sentido específico de alguma palavra para provar que estão certos, particularmente quando essa posição demonstra se opor a todas as crenças dos cristãos da época dos apóstolos.

Portanto, essa é a razão pela qual digo que é muito fácil forçar a barra no que se relaciona à leitura e a explicação das Escrituras. Pode-se fazer isso com relação a quase tudo, incluindo o futebol.

Pode ser que algum time, por exemplo, no começo do campeonato comece a se esforçar tanto para ganhar que os jogadores ficam tensos, trêmulos e nervosos, e cometem muitos equívocos.

Depois de eles descobrirem que não têm nenhuma chance na temporada, eles ficam relaxados e, de repente, passam a jogar muito bem. A escalação não mudou; eles simplesmente se acalmaram e desistiram de forçar tanto a barra.

Acho que essa questão de se esquentar e forçar muito na interpretação também deve ser do interesse do pregador jovem que se encontra diante dos seus primeiros ouvintes. Os músculos travam, a garganta fica seca, ele pode não lembrar dos pontos principais — (olha que já passei por isso!) — esquentando muito a cabeça e forçando demais a situação.

Entretanto, nunca seremos maduros no Reino de Deus agindo dessa maneira porque o Reino de Deus não é tomado dessa forma. Em vez disso, confie no Senhor e observe o seu agir!

A mesma coisa acontece com relação à interpretação da Bíblia. Se insistimos nessas acepções pequenas das definições, podemos simplesmente forçá-la demais e podemos acabar tendo um ponto de vista equivocado.

Quem sabe possamos dar um exemplo: suponha que um homem de Chicago visite a sua família em Des Moines e, depois de voltar para casa, escreva várias cartas nas quais ele menciona sua visita a Iowa.

Em uma carta ele diz: "Eu visitei Des Moines semana passada".

Na segunda ele diz: "Fui para Des Moines na semana passada" e na terceira "Fui dirigindo para Des Moines semana passada". Em mais outra, ele menciona: "Vi meu irmão em Des Moines semana passada".

Ele coloca selos em todas elas, envia e não pensa mais no assunto.

Mas o que aconteceria se um grupo de intérpretes viajassem na maionese a respeito dessas cinco cartas depois de mil anos, particularmente se os intérpretes forçassem demais a barra, insistindo que não existem sinônimos na Bíblia, e que as expressões Reino de Deus e Reino dos Céus nunca são usadas como sinônimos?

Eles teceriam seus comentários e afirmariam que o escritor tinha que ter algo específico em mente quando escreveu "Fui para Des Moines", e "Fui de carro para Des Moines". Portanto, ele deve ter feito pelo menos duas viagens ou ele teria dito a mesma coisa cada vez que ele foi. Então, ele pode ter tido alguma razão para dizer em uma carta que ele visitou Des Moines, o que pode indicar que ele ficou por mais tempo do que quando ele simplesmente viu seu irmão.

Na verdade, ele só foi para lá uma vez, mas na escrita, ele conhecia o seu idioma o suficiente para comunicar isso de quatro formas diferentes.

Portanto, quando abordamos o uso que Pedro faz desta palavra revelação — fique tranquilo, porque é isso exatamente o que significa! Se alguma forma ou palavra diferente é usada em outra passagem para a mesma coisa e a mesma coisa é afirmada de forma diferente, isso simplesmente demonstra que o Espírito

Santo nunca se bitola — mesmo quando os intérpretes se confundem. O Espírito Santo nunca teve que recorrer a frases feitas, apesar de parecer que os pregadores sempre se especializam nelas.

A aparição de Jesus Cristo pode indicar a sua manifestação. Pode significar um resplandecer, uma demonstração, uma divulgação. É claro que quer dizer sua vinda, a revelação de Jesus Cristo!

A pergunta que deve ser respondida pela maioria das pessoas é essa: "Quando é que acontecerá essa aparição ou vinda ou manifestação ou revelação?".

Aqueles a quem Pedro escreveu a respeito da revelação de Cristo não passavam de pessoas que eram homens e mulheres cristãos nesta terra. Não há como espiritualizar isso — essa cena não pode ser transferida para o céu.

Pedro escrevendo para os cristãos nesta terra, aos santos espalhados pelas nações pela tribulação e pela perseguição. Ele os estava incentivando para suportar as aflições e confiar em Deus em meio aos sofrimentos, para que sua fé fosse mais valiosa que o outro na revelação de Jesus Cristo.

O senso comum nos dirá que essa revelação só poderia ser na terra porque ele estava escrevendo para pessoas que se encontram na terra. Ele não está escrevendo para anjos em nenhuma esfera celestial. Ele não estava dizendo a Gabriel, mas a pessoas que habitam este mundo.

Ora, Pedro também falou sobre um acontecimento que se daria no futuro, isto é, no ponto de vista de quando Pedro escreveu há dezenove séculos. Escrevendo no ano 65 d.C., Pedro situou a revelação de Cristo em algum momento depois do ano 65 d.C.

Então, temos certeza de que Pedro não estava se referindo à revelação de Jesus no rio Jordão quando João o batizou, porque isso já tinha acontecido trinta anos antes.

Jesus também tinha se revelado em Jerusalém, andando em meio ao povo, conversando com os fariseus e os anciãos, os rabinos e o povo comum, mas isso também tinha acontecido trinta anos antes. Ele tinha aparecido de repente no templo, justamente nos tempos de bonança quando as pessoas estavam vindo de todos os lugares com dinheiro para trocar a fim de comprar gado ou pombos para o sacrifício. Usando somente uma corda, ele expulsou o gado e os cambistas do templo. Ele apareceu no Monte da Transfiguração e depois da ressurreição apareceu aos discípulos. Ele tinha se manifestado de várias formas. Ele estava presente, de carne e osso, e fez coisas que podiam ser identificadas. Estava presente como um homem entre homens. Mas Pedro disse: "Ele ainda se revelará", porque as outras revelações tinham acontecido trinta anos antes.

Pedro estava dizendo: "Quero que fiquem prontos para que o teste da sua fé, suas aflições, sua obediência, e o carregar da sua cruz possam se traduzir em honra e glória na revelação de Jesus Cristo" — uma revelação no futuro!

Não existe nenhum testemunho confiável em nenhum lugar dizendo que Jesus Cristo tenha aparecido desde os acontecimentos em que Ele se manifestou para levar os pecados dando sua própria vida em sacrifício.

Na verdade, não encontramos ninguém que tenha dito que Cristo apareceu a ele pessoalmente, com a exceção de alguns pobres fanáticos que geralmente morrem posteriormente em algum hospício.

Muitas seitas novas têm surgido; esses homens andam pelas ruas dizendo: "Eu sou o Cristo!". Os psiquiatras escrevem páginas e mais páginas de casos de homens que afirmam ser Jesus Cristo.

Entretanto, nosso Senhor Jesus Cristo ainda não veio pela segunda vez, porque, se tivesse vindo, seria de forma alinhada com o significado da palavra, da forma que era usada de forma comum no Novo Testamento. Ele teria que aparecer do mesmo modo que apareceu no templo, no Jordão ou no Monte da Transfiguração. Teria que ser do mesmo modo que ele apareceu a seus discípulos depois da ressurreição — em uma manifestação visível e humana, tendo dimensões para que Ele pudesse ser identificado pelo olho, pelo ouvido e pelo toque humano.

Se a palavra revelação tiver o significado mais comum, a aparição de Jesus Cristo tem que ser exatamente a mesma que Ele teve na terra pela primeira vez, há cerca de 2000 anos.

Quando Ele veio pela primeira vez, andou entre os homens. Embalou bebês em seus braços. Curou os coxos, os aflitos e os doentes. Abençoou as pessoas, fez refeições e andou entre eles, e as Escrituras nos dizem que, quando Ele aparecer novamente, Ele virá da mesma maneira. Continuará sendo homem, ainda que glorificado. Será um homem que pode ser identificado, o mesmo Jesus que foi visto ascendendo aos céus.

Também temos que falar aqui a respeito dos testemunhos dos santos cristãos no passar dos anos — porque Cristo pode ser conhecido por nós pela vida espiritual, pelo entendimento e pela experiência.

Existe certo sentido no qual todos que possuem um coração puro "veem" a Deus.

Esses estão entre aqueles que dirão: "Jesus é tão real para mim que até posso dizer que eu o vi".

Sei o que você quer dizer e dou graças a Deus por isso — que Deus iluminou os olhos do seu entendimento espiritual — e você conseguiu vê-lo nesse sentido. "Bem-aventurados os limpos de coração, porque verão a Deus".

Acredito que é totalmente possível para os olhos da fé, o entendimento do nosso espírito, ser tão iluminado a ponto de contemplar o nosso Senhor — possivelmente de forma velada, ou mesmo não tão claramente como no dia vindouro, mas os olhos do nosso coração podem vê-lo.

Portanto, Cristo aparece de fato para as pessoas neste contexto. Ele aparece quando oramos e quando podemos sentir a sua presença. Mas não é a isso que Pedro se referiu com relação à sua segunda vinda sobre a terra. A linguagem de Pedro sobre esse acontecimento pede um resplendor, uma revelação, uma vinda repentina, uma aparição visível.

Pedro se referiu ao mesmo tipo de aparição que os jornais notaram na visita do presidente dos Estados Unidos a Chicago. Ele falou sobre o mesmo tipo de aparição que os jornais notaram quando o sargento jovem apareceu de repente para a alegria de sua família depois de ter estado forma por mais de dois anos. Nunca houve nenhuma revelação de Jesus como essa desde quando Ele apareceu para levar os pecados sacrificando a si mesmo.

Podemos resumir tudo isso e dizer que existe uma aparição — em carne e osso, na terra, segundo Pedro — para os crentes depois da época de Pedro. Essa revelação ainda não aconteceu e as palavras de Pedro continuam sendo válidas.

Portanto, podemos esperar que Jesus venha novamente à terra para as pessoas vivas, do mesmo modo que Ele apareceu pela primeira vez.

Meus irmãos, acredito que esse é o espírito do ensino da Bíblia a respeito da segunda vinda — podemos esperar que Ele se manifeste! Na época de Pedro, o Senhor ainda não havia voltado, mas eles o esperavam. Pedro disse que Ele apareceria.

Na época em que Jesus ainda não tinha vindo em carne, alguns o aguardavam. Eles diziam: "Ele virá", porque Deus tinha dito à mulher e à serpente, a Abraão e a todos os profetas, que Jesus viria para levar o pecado dando a si mesmo como sacrifício.

E então chegou o dia em que Ele veio!

Não se tratava de uma simples aparição. Ele não era um fantasma. Nem mesmo aquilo que algumas senhoras idosas com suas roupas assustadoras chamariam de materialização. Ninguém nunca disse que Jesus Cristo materializaria, a profecia dizia que Ele se manifestaria, e isso é bem diferente!

A Bíblia nunca fala sobre materialização. Segundo a promessa da sua vinda, Jesus Cristo não se materializará, Ele aparecerá! Pode descartar a palavra materializar; trata-se de uma palavra estranha que foi roubada e empregada pelos espíritas e pelos cultos demoníacos.

A fim de se materializar, um fantasma hoje teria que colocar uma roupa de carne e ainda andar entre nós no dia seguinte. Materializar é tornar material um ser que não é!

Continua havendo muita curiosidade a respeito dessas questões, e acho que a curiosidade que já matou o gato proverbial já causou muito mal aos cristãos. Existe uma aura de "mistério" sobre eles — não de espiritualidade. Isso mesmo, mistério! Existem cristãos que parecem sentir a presença de fantasmas e parecem se encaminhar bem para o meio de algo sobrenatural e se sentir bem à vontade — tranquilíssimo com relação a médiuns, mágicos estranhos, adeptos da telepatia e tudo o mais.

Pessoalmente, não me sinto à vontade com essas coisas. Não dá para se sentir assim na esfera daquilo que é estranho e sinistro.

A Bíblia chama isso de chilreios e murmúrios. Não aceito chilreadores nem murmuradores e nunca me sentirei à vontade com eles. No entanto, reconheço que existe um tipo de mentalidade que se alinha com eles, e quando essa pessoa se converte, não pede a Deus que santifique a sua mente, e acaba levando isso para dentro da igreja.

Nos casos em que isso acontece, a teologia dessas pessoas consiste em um amontoado de chilreios e murmúrios.

Deixe-me mencionar a respeito disso a minha velha e querida avó, que não conhecia muita coisa sobre a Bíblia, mas passava muito tempo com o seu livro dos sonhos.

O livro dos sonhos dela tinha muitas orelhas e índice de dedo, porque a vovó não tomava café de manhã sem consultar o seu livro dos sonhos para entender os seus sonhos.

Sei que há pessoas que não sonham muito, mas vovó era uma sonhadora. Ela devia sonhar toda noite, porque ela sempre olhava aquele livro quando acordava de manhã.

O seu livro de sonhos tinha um índice em ordem alfabética, e se podia começar com a letra A para consultar amigo. Se ela tivesse sonhado com algum amigo, o livro diria o que o sonho queria dizer. B para burro, C para cavalo, e assim por diante até Z para zebra. Ela tinha um glossário que lhe dizia o que ela poderia esperar com base no seu sonho.

Posso lhe dizer que essa é uma maneira bem terrível de viver.

Não é à toa que a vovó era uma guerreira, porque ela deve ter se sentido melancólica e preocupada a maior parte do tempo, pensando sobre o significado de seus sonhos e sobre os resultados profetizados naquele livro.

Na verdade, vovó era uma mulherzinha muito esperta e ela me ensinou praticamente tudo o que aprendi até os 15 anos. No entanto, esse livro dos sonhos era uma das suas excentricidades.

Não se ela tirou essa ideia de um livro parecido com esse, mas vovó tinha um presságio bem forte a respeito de cachorros que latiam.

Ela me disse várias vezes que se um cachorro latisse debaixo da nossa janela, alguém com certeza morreria.

Nessa altura da minha vida só posso comentar que se alguém morresse toda vez que algum cachorro latisse debaixo da minha janela, eu teria sido o melhor cliente de serviços funerários deste país. Parece que os cachorros amam latir debaixo da minha janela e os mosquitos amam entrar no meu quarto, e, se houver alguma mosca na casa pastoral, ela virá direto em minha direção.

Eu sirvo como uma espécie de ímã para essas coisas e se isso significasse alguma coisa na esfera daqueles que chilreiam e murmuram, já faria tempo que eu estaria com uma camisa de força dentro de uma cela acolchoada!

Eu sei que essas crenças curiosas não fazem nenhum sentido e dou graças a Deus pela minha mente simples e cética que me impediu que passasse todo o meu tempo nesta terra preocupado com essas coisas.

Já que cultivo esta atitude, tenho meus próprios sentimentos a respeito do mestre profético que começa a desenrolar seu cartaz para impressionar as pessoas com suas ideias e teorias. Quando ele começa a falar sobre esses assuntos, já começo a olhar para a porta de saída porque ele já está forçando a interpretação.

Ele está exagerando, da mesma forma que o homem que tenta entender a Madona Sistina comprando um microscópio e examinando o dedão do pé da Virgem. Não se pode entender ou apreciar a beleza da Madona Sistina examinando uma porção microscópica dela; é preciso recuar e se orientar nessa pintura.

Podemos dizer o mesmo no que diz respeito às Escrituras — você pode ser levado a um beco sem saída por curiosidade, destacando algum ponto insignificante sem conseguir enxergar o impacto espiritual que a esperança da sua vinda pode ter em sua vida diária.

A Palavra de Deus nunca nos foi dada para nos dar curiosidade sobre a vinda do Senhor à terra, mas para nos fortalecer na fé, na santidade espiritual e na conduta moral.

Quando Paulo escreveu para Timóteo na sua segunda carta, encontramos uma das palavras mais queridas e graciosas de toda a Bíblia:

"Conjuro-te, perante Deus e Cristo Jesus, que há de julgar vivos e mortos, pela sua manifestação...: prega a palavra, insta, quer seja oportuno, quer não, corrige, repreende, exorta com toda a longanimidade e doutrina. Pois haverá tempo em que não suportarão a sã doutrina".

Nessa passagem, o apóstolo alerta que o nosso Senhor Jesus Cristo há de julgar os vivos e os mortos em sua vinda, e ele associa essa revelação e esse juízo com a exortação sincera de que Timóteo tem que pregar a Palavra, instando a tempo e fora de tempo.

Logo depois, Paulo escreve mais sobre os acontecimentos que acompanharão a vinda de Jesus Cristo.

Ele escreveu: "Combati o bom combate, completei a carreira, guardei a fé. Já agora a coroa da justiça me está guardada, a qual o Senhor, reto juiz, me dará naquele Dia; e não somente a mim, mas também a todos quantos amam a sua vinda".

Está escrito claramente, meus irmãos: aqueles que amam a vinda de Jesus Cristo são aqueles que também receberão uma coroa.

Existem aqueles que gostariam de fazer a pergunta seguinte: "Isso não quer dizer que todo aquele que acredita na posição pré-milenista receberá a coroa da justiça?".

Claro que não! Isso indica que aqueles que reconhecidamente amarem a vinda de Jesus receberão a coroa da justiça. Para mim é questionável se alguém que acredita na posição pré-milenista e a defende pode ser incluído entre aqueles cujo espírito de humildade, de consagração e de fome de Deus pode se perceber claramente por meio de seu amor e expectativa pela vinda iminente de seu Salvador.

Temo a respeito do que colheremos por causa de toda essa questão a respeito da vinda do Senhor. Por que é que somente uma fração pequena dos ministros cristãos sentem a necessidade de pregar um sermão a respeito da verdade da Segunda Vinda de Cristo? Por que os pastores têm que depender quanto a isso daqueles que viajam por todo o país com seus cartazes coloridos e com suas lições temáticas e suas interpretações curiosas a respeito da profecia bíblica?

Será que não devemos ousar acreditar naquilo que o apóstolo João escreveu, que "seremos semelhantes a Ele, porque haveremos de vê-lo como Ele é".

Amados, agora somos filhos de Deus, porque a nossa fé se encontra na pessoa do Filho de Deus, Jesus Cristo! Cremos nele e nos baseamos nele, e, ainda que não se tenha manifestado o que haveremos de ser, quando Ele for revelado, seremos como Ele é, porque o veremos como Ele é.

Então, João diz de forma abrupta e clara: "Qualquer que nele tem esta esperança purifica-se a si mesmo, como também Ele é puro". Ele disse "Qualquer pessoa"! Ele coloca sua mensagem no singular. Todo aquele que tem esta esperança nele purifica-se a si mesmo, como também Ele é puro.

Aqueles que estão aguardando que o Senhor Jesus Cristo venha e que o esperam a qualquer momento e que anseiam por essa vinda estarão ocupados purificando a si mesmos. Eles não se darão ao luxo de se envolverem em especulações curiosas — eles se prepararão, purificando a si mesmos.

Creio que é útil contar uma história nesse momento. Eis que um casamento está quase começando e a noiva está se vestindo. Sua mãe está nervosa e existem outros parentes e colaboradores que estão garantindo que a noiva se vista de forma adequada.

Para que toda essa dedicação e todo esse interesse? Bem, a noiva e todos os que estão ao seu redor sabem que ela se encontrará com o noivo em poucos instantes, portanto, tudo tem que estar perfeitamente em ordem. Ela até anda de modo cauteloso para que nada saia do lugar no vestido e no véu. Ela está se preparando, porque ela aguarda com amável ansiedade e expectativa o encontro com aquele homem no altar.

Agora João diz, mediante o Espírito Santo, que aquele que tem essa esperança nele se purifica e se prepara. De que modo? Do mesmo modo que ele é puro.

A noiva quer se vestir de forma digna do noivo, e assim acontece também com o noivo.

Será que a igreja de Jesus Cristo não se deve vestir de forma digna do seu noivo, da mesma forma que Ele se veste? De modo puro, tendo a mesma pureza que Ele?

Temos a garantia de que a vinda de Jesus Cristo acontecerá. Ela sucederá no tempo dele. Há muitos que acreditam que ela pode acontecer muito em breve — que não existe nada que ainda precise ser feito para possibilitar a sua vinda.

Será o maior evento da história do mundo, ficando atrás apenas da sua primeira vinda e dos acontecimentos da sua morte e ressurreição.

Podemos dizer muito bem que o próximo grande evento da história do mundo será a "*revelação de Jesus Cristo*; a quem, não havendo visto, amais; no qual, não vendo agora, mas crendo, exultais com alegria indizível e cheia de glória".

O mundo não saberá, mas aquele que tem sua esperança nele saberá, porque ele purificará a si mesmo como o próprio Cristo.